Lustige Sketche

Ursula Lietz · Ulrike Lange

Lustige Sketche

Kurze Theaterstücke für Jungen und Mädchen

Von Ursula Lietz sind im FALKEN Verlag außerdem folgende Titel erschienen:
»Kasperletheater. Spieltexte und Spielanleitungen« (Nr. 641)
»Guten Tag, Kinder! Neue Texte mit Spielanleitungen fürs Kasperletheater« (Nr. 861)

ISBN 3 8068 0669 1

© 1990 by Falken-Verlag GmbH, 6272 Niedernhausen/Ts.
Umschlaggestaltung: Zembsch' Werkstatt, München
Titelbild: Photo-Design-Studio Gerhard Burock, Wiesbaden-Naurod
Gesamtherstellung: Konkordia Druck GmbH, 7580 Bühl

09066983 X 8

Inhalt

Vorwort

Unter einem Sketch versteht man ein meist kurzes, gespieltes Ereignis mit überraschendem, lustigem Ausgang.
Die Pointe entsteht häufig durch eine kurzfristige Wende, die sich oft erst im letzten Satz offenbart.
Der Schluß ist dann ein sogenannter »Black out«. Auf der Bühne würde an dieser Stelle das Licht ausgehen und der Vorhang fallen. Spielt man nicht auf einer Bühne, genügt es allerdings auch, wenn alle Spieler kurz verharren und nach dieser Pause gemeinsam abgehen. So kann der wichtige letzte Satz erst richtig wirken.
Einige Sketche bestehen aus einer Aneinanderreihung von Kurzsketchen, haben also auch mehrere Pointen. In diesem Falle sollte nach jeder Pointe solch eine kurze Pause eingehalten werden.
Wichtig für jeden Sketch ist die Erwartungshaltung des Publikums. Diese entsteht bei einigen Sketchen durch häufige Wiederholungen, meist mit jeweils winzigen Abänderungen. Hier stellt sich bei den Zuschauern immer dringlicher die Frage nach dem Ausgang dieser sich zuspitzenden Situation.
Viele Stücke wirken jedoch auch durch ihre Zielstrebigkeit. Alles Überflüssige wird weggelassen, und die Handlung strebt knapp und unaufhaltsam der Pointe zu. So wird beim Publikum Spannung aufgebaut.
Die Sketche in diesem Buch dauern zwischen 2 und 20 Minuten. Sie können gut von Anfängern gespielt werden, die sich jeweils nach dem Vorspann zu den einzelnen Sketchen richten können. Dort werden die Zeitdauer, das Alter, die Personenzahl sowie die benötigten Kostüme, die notwendigen Gegenstände und die Raumaufteilung angegeben.
Fast jeder dieser Sketche kann ohne großen Aufwand durchgeführt werden. Alles, was man dazu braucht, ist meistens in Haushalt, Schule oder Jugendherberge vorhanden. Anderenfalls können die angegebenen Dinge mit einigen Handgriffen leicht selbst zusammengestellt oder gebastelt werden.

Außerdem werden in jedem Vorspann Hinweise zum Spiel gegeben. So sieht jeder Spieler sofort, worauf er achten muß, und die Auswahl der Stücke und Rollen wird so erleichtert.
Diese Hinweise sind jedoch nur als Leitfaden und Anregung gedacht. Geübte Spieler können selbstverständlich auch davon abweichen. Der Text sollte jedoch nicht allzusehr abgewandelt werden, weil dies die Wirkung des Schlußsatzes beeinträchtigen könnte.
Nachfolgend noch einige Punkte, die man ganz allgemein bei der Darstellung eines Sketches beachten sollte:

1. Nie mit dem Rücken zum Zuschauer spielen.
2. Laut und langsam sprechen, gut betonen.
3. Gestik, Mimik und Bewegungen lockern das Spiel auf und unterstreichen die Sprache (wichtige Gestik und Mimik vor dem Spiegel einüben).
4. Ausrufe, Sprüche und bestimmte Bewegungen sind Eigenarten, an denen der Zuschauer die jeweilige Person oder Situation sofort erkennen soll (besonders wichtig, wenn gar nicht oder wenig gesprochen wird).
5. Auf ausreichende Beleuchtung achten (besonders abends, bei künstlichem Licht).
6. Bei Sketchen, in die das Publikum mit einbezogen wird, keine besonders empfindliche Person nach vorne bitten.
7. Den vorgegebenen Text als roten Faden benutzen. Abweichungen sind erlaubt, doch der letzte Satz sollte möglichst wörtlich übernommen werden.

Der Leser dieses Buches findet sicher für jede Gelegenheit den richtigen Sketch. Dazu ist der Inhalt in verschiedene Themen gegliedert und übersichtlich geordnet.
Kinder und Jugendliche werden durch dieses Buch bestimmt dazu angeregt, eigene Sketche zu spielen, deren Inhalt sie aus eigenen Erlebnissen, ihrer Phantasie oder Medien entnehmen.
Auch viele Witze lassen sich gut zu einem Sketch umwandeln. Wer selber schon einige Sketche gespielt hat, bekommt sehr schnell »ein Auge« dafür, was sich eignet und was nicht.

Verschenktes Schwesterchen

(für Kinder ab 8 Jahre)

Zeitdauer: 5 Minuten.

3 Personen: Mutter, Tochter, Tante Erna.

Raumgestaltung und Requisiten: Zu diesem Sketch sind keine besonderen Requisiten notwendig.

Kostüme:

Die Mutter könnte z. B. einen Rock tragen und Schuhe mit Absatz. Ansonsten ist keine besondere Kostümierung nötig.

Die Tochter kann Zöpfe oder eine andere »Klein-Mädchen-Frisur« tragen. Dazu einen kurzen Rock und lange, dicke Strumpfhosen oder eine lange Hose oder Shorts (je nach Wetterlage).

Tante Erna kann als dicke, gutmütige Tante dargestellt werden. Zu diesem Zweck kann sich der Spieler von größeren, dickeren Personen Sachen ausleihen, die er dann z. B. mit Handtüchern ausstopft. Damit diese beim Spielen nicht herausrutschen, können sie in der Taille mit einem Gürtel festgehalten werden. Damit der »Füllstoff« unterhalb der Taille und am Po hält, kann man eine dehnbare Gymnastikhose oder eine andere, weite Hose anziehen.

Spielhinweise:

Es ist wirkungsvoller, wenn die Person, die das Kind spielt, auch tatsächlich kleiner ist als diejenige, die die Mutter darstellt.

Es ist aber auch möglich, falls das Kind genauso groß ist wie die Mutter, daß es in einem Hockgang (ähnlich wie ein Entengang) neben der Mutter hergeht, was zusätzlich zur Belustigung beiträgt.

Mutter und Tochter gehen Hand in Hand die Straße entlang.
Die Tochter schaut in die Schaufenster und bleibt immer wieder stehen.

MUTTER: *(zerrt sie weiter)* Nun bleib doch nicht an *jedem* Schaufenster stehen!

TOCHTER: Guck doch mal, Mutti! Ist das ein schönes Fahrrad! – Kaufst du's mir?

MUTTER: Nein, mein Kind. Du hast doch noch dein kleines vom letzten Jahr. Wenn das alt und kaputt ist, geben wir's weg, und du kriegst ein neues. *(Gehen weiter.)*

KIND: Mutti, ich möchte auch so ein Gebiß wie Opa haben! Dann brauch' ich wenigstens nicht immer zum Zahnarzt zu gehen . . .

MUTTER: Sei doch froh, daß du noch deine eigenen, gesunden Zähne hast! Wenn die mal alt und voller Löcher sind, kriegst du auch ein Gebiß.

KIND: *(sieht in ein Schaufenster)* Mutti, Mutti! Ich möchte so gern mal einen Kassettenrecorder haben.

MUTTER: Aber Kind! Dein Bruder Willi will sich doch bald einen neuen kaufen. Dann kannst du ja seinen alten nehmen. *(Deutet mit der Hand in die entgegengesetzte Richtung.)* Sieh mal, da hinten kommt uns Tante Erna entgegen.

TANTE ERNA: *(winkt, kommt heran, lächelt und bleibt bei ihnen stehen)* Huhu . . . *(Beugt sich zu dem Kind hinunter.)* Na, mein Kleines. Ich hab' gehört, daß du ein Schwesterchen bekommen hast. Stimmt das?

KIND: *(nickt)* Ja, die Sabine. Ist aber erst vier Wochen alt.

TANTE ERNA: *(schlägt entzückt die Hände zusammen und klimpert strahlend mit den Augen)* Ach – Gottchen! So ein kleines Dingelchen hätte ich auch noch mal gerne! *(Zu dem Kind – einschmeichelnd:)* Na – wie wär's: Schenkst du mir dein Schwesterchen?

KIND: *(schüttelt den Kopf)* Nee. Jetzt noch nicht. *(Sieht die Mutter an.)* Gell, Mutti, das geben wir erst her, wenn's alt und schrumpelig ist!

Kaugummipantomime

(für Kinder ab 9 Jahre)

Zeitdauer:	5 Minuten.
1 Person	(oder auch 3 Personen, wenn jeder Fahrgast von einem anderen Spieler dargestellt wird: ein Jugendlicher, eine alte Frau, ein kleiner Junge.
Raumgestaltung und Requisiten:	Zwei Stühle werden nebeneinandergestellt. Sie sollen eine Bank in einer Straßenbahn darstellen.

Kostüme:

Bei diesem Sketch ist keine Kostümierung notwendig, da die Personen ohne jegliche Hilfsgegenstände dargestellt werden. Nicht aus der Kleidung, sondern allein aus den Bewegungen und Gesten sollen die Zuschauer erraten, worum es geht und was geschieht.

Spielhinweise:

Das Schwierige bei diesem Sketch ist, daß nicht gesprochen wird und außer den Stühlen keine weiteren Gegenstände benutzt werden. Deshalb müssen die Bewegungen besonders klar und deutlich sein, damit die Zuschauer erkennen, worum es geht.

Wird der Sketch nur von 1 Person gespielt, ist darauf besonders zu achten, damit das Publikum die gespielten Personen nicht verwechselt.

Deshalb sollte man sich für jede gespielte Person ganz auffallende Bewegungen und Gebärden ausdenken, an denen die Zuschauer sie ganz eindeutig erkennen können.

Dafür hier einige Beispiele:

Der *Jugendliche* macht große, schlaksige Bewegungen und Schritte.

Die *alte Frau* geht mit gebeugtem Rücken, eine Hand in den Rücken gestützt, als hätte sie Hexenschuß. Die andere Hand nach vorne, als würde sie sich damit auf einen Stock stützen.

Sie macht kleine, langsame Schritte. Ihre Bewegungen sind etwas zittrig und fahrig.

* Der *kleine Junge* hat einen großen Bewegungsdrang. Er hüpft und
* hopst, anstatt zu gehen. Er kann nicht ruhig auf seinem Platz sitzen
* bleiben, bewegt die Füße unruhig im Takt eines Liedes, das er vor
* sich herpfeift.
* Er schaut interessiert aus dem Fenster, denn er hat Angst, irgend
* etwas zu verpassen.
* Wird der Sketch von 3 Personen gespielt, sollte man sich auch an die
* beschriebenen Vorschläge halten.
* Allerdings ist es in diesem Fall nicht ganz so wichtig, da die Zu-
* schauer auf den ersten Blick sehen, daß es sich um verschiedene
* Personen handelt.

* *

Auf der Spielfläche stehen 2 Stühle nebeneinander.

Der Jugendliche kommt herein, tut so, als ob er in die Straßenbahn einsteigt, setzt sich auf den rechten Stuhl und wartet.

Er schaut sich um, steht auf, zieht einen Kaugummi aus der Tasche, öffnet ihn und steckt ihn in den Mund. Das Papier schiebt er wieder in die Hosentasche. Er kaut auf dem Kaugummi herum, wippt mit dem Fuß, schaut aus dem Fenster. Schließlich steht er auf, nimmt den Kaugummi aus dem Mund und drückt ihn auf den Sitzplatz neben ihm. Dann geht er mit großen Schritten und schlacksigen Bewegungen hinaus.

Als nächstes kommt eine alte, gebrechliche Frau herein, mit gebeugtem Rücken, eine Hand in die Hüfte gestützt und eine Hand so haltend, als würde sie sich auf einen Stock stützen.

Sie kommt mit kleinen, trippelnden Schritten und setzt sich langsam und vorsichtig auf den linken Stuhl (Kaugummistuhl). Sie zittert etwas in den Knien und atmet erleichtert auf, als sie sitzt. Sie kramt in ihrer Handtasche und holt ihr Strickzeug heraus. Mit zittrigen Händen strickt sie eine Weile (ebenfalls nur mit Bewegungen darstellen).

Dann packt sie ihr Strickzeug wieder ein, will aufstehen, bleibt aber mit dem Hinterteil am Stuhl kleben. Sie zieht und ruckt (mit einer Hand auf den Stock gestützt) und kommt schließlich los.

Dabei kommt sie etwas aus dem Gleichgewicht (durch den Ruck), fängt sich aber wieder. Sie streckt ihr Hinterteil ein wenig heraus, zieht den Kaugummi vom Po und wirft ihn angeekelt mit zwei spitzen Fingern auf den Boden. Dann geht sie hinaus (genau so, wie sie gekommen ist).

Ein kleiner Junge kommt hüpfend hereingesprungen und setzt sich auf den rechten Stuhl. Er pfeift und wippt mit den Füßen den Takt dazu. Unruhig rutscht er auf seinem Stuhl hin und her. Dann will er aufstehen und gehen, bleibt jedoch mit dem einen Fuß kleben (Kaugummi). Er kommt nicht von der Stelle, ruckt und zuckt. Schließlich nimmt er den Kaugummi von der Schuhsohle und klebt ihn auf den linken Stuhl. Dann hüpft er hinaus.

Der erste Jugendliche kommt wieder herein. Mit langen Schritten geht er zu den Stühlen und setzt sich auf den rechten Stuhl.

Er sieht aus dem Fenster, schaut umher – und entdeckt den Kaugummi, der auf dem Sitzplatz neben ihm klebt.

Er nimmt den Kaugummi, steckt ihn in den Mund und kaut wieder darauf herum.

Die Wahrsagepuppe

(für Kinder ab 8 Jahre)

Zeitdauer:	10 Minuten.
4 Personen:	Ansager, Mutter, Fritzchen, Wahrsagepuppe.
Raumgestaltung und Requisiten:	Zu diesem Sketch sind keine besonderen Vorbereitungen nötig. Man kann in den Raum, in dem gespielt wird, einen Stuhl stellen, auf dem die Mutter anfangs sitzt.

Kostüme:

Die *Mutter* trägt eine Schürze und hat die Haare zu einem Dutt (Knoten) zusammengesteckt.

Fritzchen bekommt einen Schulranzen oder eine Tasche.

Die *Wahrsagepuppe* sollte eine Hose und anliegende Sachen tragen, damit die eckigen Bewegungen gut sichtbar sind.

Spielhinweise:

Die Wahrsagepuppe muß mit etwas gegrätschten Beinen bewegungslos im Raum stehen. Die Augen blicken starr geradeaus. Beim Hin- und Herwackeln bzw. Vor- und Zurückwippen muß sie sich steif machen. Die Bewegungen sollten eckig und abgehackt wirken.

Der ANSAGER	stellt vor: Hier sehen Sie die berühmte Wahrsagepuppe! *(Wackelt hin und her.)* Und das ist Fritzchen. *(Verbeugt sich leicht.)* Diese Dame dort ist Fritzchens Mutter. *(Sitzt auf dem Stuhl.)*
ANSAGER:	Fritzchen kommt von der Schule nach Hause. *(Schlendert pfeifend auf die Haustür zu, und klingelt; die Mutter öffnet.)*
MUTTER:	Tag, Fritzchen.
FRITZCHEN:	Tag, Mutti. *(Kommt herein und lümmelt sich auf den Stuhl.)*
MUTTER:	Na, wie war's heute in der Schule?
FRITZCHEN:	*(gedehnt)* Gut . . . *(Die Wahrsagepuppe wackelt hin und her; Fritzchen schaut sie an.)*
FRITZCHEN:	Nanu. Was ist denn das?
MUTTER:	Das ist eine Wahrsagepuppe. Ich habe sie eben gekauft. Immer, wenn jemand die Wahrheit sagt, wippt sie vor und zurück. Und immer, wenn jemand lügt, wackelt sie hin und her. So wie bei dir eben. Also war's *nicht* gut in der Schule! Habt ihr denn eine Arbeit geschrieben?
FRITZCHEN:	Nein. *(Wahrsagepuppe wippt vor und zurück.)*
MUTTER:	Aha. Habt ihr denn eine Arbeit zurückgekriegt?
FRITZCHEN:	Nöööö. *(Wahrsagepuppe wackelt hin und her.)*
MUTTER:	Du lügst ja, Fritzchen! Ihr habt ja doch eine Arbeit geschrieben. In welchem Fach denn?
FRITZCHEN:	Och, – in – Deutsch. *(Wahrsagepuppe wackelt stärker hin und her.)*
MUTTER:	Lüg mich nicht an! In welchem Fach?
FRITZCHEN:	*(mürrisch)* In Mathe. *(Wahrsagepuppe wippt vor und zurück.)*
MUTTER:	*(forschend)* Und welche Note hast du bekommen?
FRITZCHEN:	Eine – 3. *(Puppe wackelt hin und her.)*
MUTTER:	Das stimmt doch nicht!
FRITZCHEN:	Naja, – eine 4. *(Puppe wackelt hin und her.)*
MUTTER:	Jetzt sag mir endlich die Wahrheit! Hast du etwa eine 5 geschrieben?

FRITZCHEN:	*(kleinlaut)* Jaaaaa-. *(Puppe wippt vor und zurück.)*
MUTTER:	*(stemmt entrüstet die Hände in die Hüften)* Na so was! Also, – als ich in deinem Alter war, – ich hab' immer gelernt. *(Puppe wackelt etwas hin und her.)* Ich bin so gerne in die Schule gegangen und war immer pünktlich . . . *(Puppe wackelt noch mehr.)* Und außerdem habe ich nie schlechte Noten mit nach Hause gebracht! *(Puppe wackelt ganz stark.)* Im Gegenteil! Ich habe immer nur Einsen geschrieben! *(Puppe kippt um. Mutter schlägt bestürzt die Hände vors Gesicht und läuft hinaus. Fritzchen grinst und richtet die Puppe wieder auf.)*

Lakritzbonbons

(für Kinder ab 8 Jahre)

Zeitdauer:	10 Minuten.
5 Personen:	4 Kinder, Ladeninhaberin.
Raumgestaltung	
und Requisiten:	2 oder 3 Tische werden als Theke zusammengestellt. Falls vorhanden, kann hinter der Theke eine Leiter lehnen. Dies ist aber nicht unbedingt erforderlich, da das Hinaufsteigen auf die Leiter auch gespielt werden kann, indem man nur so tut, als ob eine Leiter da wäre.

Kostüme:

Die Kinder brauchen keine besondere Kostümierung. Sie können aber, um das Flegelhafte zu unterstreichen, zu weite oder zu große, eventuell ausgefranste oder zerschlissene Sachen anziehen.

Die Ladenbesitzerin trägt die Haare zu einem Knoten zusammengedreht. Sie hat eine Schürze oder ein großes Tuch vor den Bauch gebunden.

Spielhinweise:

Bei diesem Sketch ist es besonders wichtig, daß zum Ausdruck kommt, wie schwer es der alten Frau fällt, die Leiter hoch- und runterzusteigen. Sie muß also durch Bewegungen (Hand zur Stütze in die Hüfte stemmen, gebeugt gehen, schlürfender, schleppender Gang . . .) und Sprache (jammern, stöhnen, schwer atmen) zeigen, daß es ihr Mühe macht.

4 Kinder kommen in ein Süßwarengeschäft.
Sie öffnen und schließen eine Tür. Ein Kind ahmt das Klingeln der Tür-
glocke nach.
Eine alte, gebrechliche Frau mit Hexenschuß kommt hinter die Laden-
theke geschlurft.

FRAU:	Guten Tag, Kinder. Was bekommt ihr denn?
1. KIND:	Ich hätte gerne für 10 Pfennig Lakritzbonbons.
FRAU:	*(stöhnt)* Oje, oje. Die stehen da ganz oben auf dem Regal! Na, da muß ich mir mal die Leiter hinstellen. *(Steigt entweder auf eine echte Leiter oder tut so, als ob sie auf eine Leiter steigt, und kommt mit dem Glas in der Hand wieder herunter.)* O weh, o weh, mein Hexenschuß! *(Stöhnt, stemmt eine Hand in den Rücken.)* Hier, mein Junge. Da hast du deine Lakritzbonbons.
1. KIND:	Danke. *(Bezahlt und verläßt den Laden.)*
FRAU:	*(klettert mühsam wieder hoch, stellt die Dose weg und wendet sich, wieder unten angekommen, an das nächste Kind.)* Na, mein Junge: Was möchtest du?
2. KIND:	Ich hätte gerne für 10 Pfennig Lakritzbonbons.
FRAU:	*(ärgerlich)* Hättest du das nicht gleich sagen können? *(Schleppt wieder die Leiter heran und klettert hoch.)* Und das auf meine alten Tage! *(Jammert:)* Mit meinem Hexenschuß! *(Klettert wieder herunter.)* So, bitteschön.
2. KIND:	*(bezahlt und geht hinaus.)*
FRAU:	*(bringt das Glas wieder hoch und atmet dabei schwer und rasselnd)*
FRAU:	Und was kann ich dir geben, mein Kind?
3. KIND:	Ich will auch für 10 Pfennig Lakritzbonbons!
FRAU:	*(stemmt die Hände in die Hüften)* Na, zum Donnerwetter nochmal! Wollt ihr mich arme, alte Frau ärgern und hetzen?! *(Sieht das 4. Kind an.)* Kriegst du etwa auch für 10 Pfennig Lakritzbonbons?
4. KIND:	*(schüttelt den Kopf.)* M-m.
FRAU:	*(klettert wieder hoch und runter und gibt dem 3. Kind die Bonbons)*
3. KIND:	*(legt das Geld auf den Tisch und geht.)*

FRAU:	*(bringt das Glas stöhnend wieder hoch)* Ojemine, ojemine. *(Kommt herunter.)* So, und was möchtest du, bitteschön?
4. KIND:	*(grinst verschmitzt)* Ich hätte gerne für 5 Pfennig Lakritzbonbons!

Glückliche Ausrede

(für Kinder ab 6 Jahre)

Zeitdauer: etwa 5 Minuten.

3 Personen: Vater, Erwin, Franz (kleiner und schmächtiger als Erwin).

Raumgestaltung und Requisiten: Es handelt sich hierbei um einen Sketch, der ganz ohne Gegenstände und Kostüme aufgeführt werden kann. Es wird lediglich soviel Platz benötigt, wie die zwei Brüder Erwin und Franz zum Raufen brauchen.
Somit ist dieser Sketch besonders gut für eine spontane Vorführung, ohne Vorbereitungen, geeignet.

Spielhinweise:
Zum Spiel selbst ist wenig zu sagen. Die Rollen sind weitgehend durch den Text festgelegt. Für die Pointe, den Schluß also, ist es wichtig, daß der Wechsel zwischen den streitenden Brüdern und den plötzlich wieder Versöhnten schnell vor sich geht und besonders kraß ist. Zuerst schreien sich beide an, schlagen aufeinander ein, und es sieht aus, als wollten sie sich umbringen. In der nächsten Sekunde – wenn der Vater erscheint – erstarren sie in ihrer Bewegung und lächeln. Bevor der Zuschauer Zeit hat, sich an die neue Situation zu gewöhnen, erfolgt der Schlußsatz, und der Sketch ist zu Ende.

VATER: *(zu seinen 2 Kindern)* So, ich gehe jetzt nach draußen, das Auto waschen. Ihr bleibt solange hier und spielt. – Aber diesmal friedlich, verstanden?
(Er geht ein paar Schritte, dreht sich noch einmal um und droht Erwin mit dem Zeigefinger.)
Erwin, wenn du heute noch einmal Streit anfängst, dann gibt es eine ganze Woche Stubenarrest! *(Geht hinaus.)*

FRANZ: Siehst du, da hast du es. Wenn du wieder mit mir streitest, darfst du nicht mehr raus. Ätsch!
(Zeigt ihm eine lange Nase.)

ERWIN: Und wenn du nicht immer petzen würdest, hätte Vati gar nichts gemerkt. – So, und jetzt geh' ich in mein Zimmer. *(Wendet sich ab.)*

FRANZ: *(hält ihn am Arm fest)* Aber du sollst doch mit mir spielen, hat Papa gesagt!

ERWIN: *(stößt ihn zurück)* Mit so einer Petze soll ich spielen? Ich denke gar nicht daran!

FRANZ: Aber du mußt!
(Er stellt sich vor Erwin und breitet die Arme aus, so daß dieser nicht vorbei kann.)

ERWIN: *(drohend)* Geh weg da, sonst knallt's!

FRANZ: Nein!

ERWIN: *(holt aus)* Doch!

FRANZ: *(stampft mit dem Fuß auf)* Nein, nein, nein!!!

ERWIN: *(gibt ihm eine Ohrfeige)*

FRANZ: *(fängt laut an zu schreien)*

ERWIN: *(hält ihm den Mund zu)* Halt den Mund!

FRANZ: *(schlägt, tritt, beißt, schreit)*

ERWIN: Willst du wohl still sein!
(Er würgt ihn am Hals und zieht ihn dabei nach oben.)

VATER: *(kommt dazu)* Das gibt's doch nicht. Kaum bin ich draußen, geht das Geschrei schon wieder los! Erwin!!
(Als die Kinder den Vater hören, erstarren beide einen Moment. Dann läßt Erwin Franz los, und der fällt auf den Boden. Der Vater stemmt die Arme in die Hüften und geht

auf Erwin zu. Dieser guckt möglichst unschuldig und zuckt die Achseln.)

ERWIN: Ehrlich, Papa, ich wollte nur herausfinden, wie schwer er ist.

(Erwin läuft schnell weg. Vater und Franz gucken sich an und gehen dann hinterher.)

Die Schulstunde
(für Kinder zwischen 11 und 15 Jahren)

Bei der »Schulstunde« handelt es sich um ein Stück, das aus vielen aneinandergereihten Sketchen besteht und sich gut für Schulklassen eignet, die etwas vorführen wollen.

Zeitdauer: etwa 15 Minuten.

6 Personen: L = Lehrerin; K = Kurt; J = Joseph;
                       D = Doris; H = Hanna; P = Pepinku.

Raumgestaltung und Requisiten:

Für diese Vorführung ist relativ viel Platz notwendig. Am besten eignet sich ein großer Klassenraum (eine Hälfte Zuschauer, eine Hälfte Bühne), eine Aula oder ähnliches.

3–4 Schulbänke mit je 2 Stühlen werden für die Schüler aufgebaut. Quer davor steht das Pult (odere eine weitere Schulbank) mit 1 Stuhl für die Lehrerin.

Die Sitzordnung der Schüler ist beliebig variierbar.

Am Anfang der Schulstunde braucht man eine Glocke, die läutend den Beginn des Unterrichts anzeigt. Ebenso am Ende der Stunde. Weiterhin benötigt jedes Kind eine Schultasche (diese müssen nicht bei allen Kindern identisch sein), in der verschiedene Schulutensilien, wie Bücher, Stifte, Blätter und Hefte, sind. Auch die Lehrerin bringt Bücher, Hefte und Schreibzeug mit, die sie anfangs auf dem Pult ablegt.

Der Schüler Pepinku braucht außer seinen Schulsachen noch eine Plastikblume, die er bei seinem Eintreten in der Hand hält.

Die Vorführung des Stückes ist erheblich einfacher, wenn jeder Mitspieler ein Exemplar des Textes zwischen den Schulbüchern auf seiner Bank liegen hat. So kann jeder zwischendurch immer wieder einen Blick darauf werfen.

* **Kostüme:** *
* *Die Lehrerin* sollte ziemlich altmodisch angezogen sein, weil das *
* besser zu ihrem Auftreten paßt (vielleicht sogar mit Brille und Haar- *
* knoten). Einzelheiten bleiben jedoch dem Geschmack der Spieler *
* überlassen. *
* *Die Schüler* können sich lustig und bunt anziehen, jeder nach Belie- *
* ben. Vielleicht die Mädchen mit Zöpfen oder ein Junge mit Lederho- *
* sen – je nachdem, was vorhanden ist. *
* **Spielhinweise:** *
* Im Spiel ist der Gegensatz zwischen Lehrerin und Schülern zu beto- *
* nen. Die Lehrerin spricht langsam und überlegt. Sie versucht immer *
* Würde auszustrahlen und sich nicht gehen zu lassen. Trotzdem wird *
* sie in zunehmendem Maße nervöser und weiß oft im ersten Moment *
* nicht, wie sie reagieren soll. *
* *
* *

* * * * * * * *   **Spielverlauf**   * * * * * * * *

Es läutet. Die Schulkinder kommen herein und toben lärmend zwischen Tischen und Stühlen herum. Die Lehrerin kommt dazu und klatscht in die Hände.

L.: Ruhe jetzt, der Unterricht fängt an! – Auf die Plätze!

D.: . . .fertig, los!

(Doris und Hanna rennen um die Wette um die Tische herum; die anderen feuern sie an.)

L.: Doris, Hanna! Sofort hört ihr mit diesem Unfug auf und setzt euch auf eure Plätze. *(Langsam setzen sich alle.)* Im übrigen könnt ihr ruhig etwas mehr Rücksicht auf eure arme Lehrerin nehmen. Ich habe nämlich sehr starke Kopfschmerzen.

24

K.: Fräulein, darf ich Ihnen Kopfschmerztabletten anbieten? Ich verkaufe sie ganz billig.

J.: Fräulein, kaufen Sie bloß dem Kurt nichts ab. Der hat neulich meiner Mutter Kaffeebohnen verkauft, das waren lauter getrocknete Ziegenpommerl.

L.: Pfui, schämt euch! Das ist ja zum Verzweifeln, wenn man euch so reden hört!

H.: Fräulein, wenn Sie am Leben verzweifeln, haben Sie bestimmt in ihrer Kindheit zu wenig Nestwärme gehabt.

L.: *(schlägt die Hände vors Gesicht)* Oh nein!

D.: Doch, das steht immer in den Zeitschriften, wie wichtig es ist, daß man immer zu allen Kindern lieb und gut ist.

J.: – und daß man uns nicht schlägt . . .

H.: – und nicht furchtsam und ängstlich macht . . .

K.: – weil wir sonst seelisch verklemmen und später auch am Leben verzweifeln müssen, wie unsere arme Lehrerin.

J.: Oder uns mit Hilfe von Rauschgift wieder glücklich machen müssen!

L.: Kinder, wie oft habe ich euch schon gesagt, daß ihr nicht immer in diesen schlüpfrigen Illustrierten lesen sollt, sondern lieber in eurem schönen Lesebuch, das erfahrene Leute für euch zusammengestellt haben und der Herr Kultusminister mit einem Vorwort versehen hat.

K.: Ja, Fräulein, und die schöne Geschichte vom deutschen Landmann, der mit seinem alten deutschen Pflug hinter dem braven deutschen Ochsen einherschreitet und Furche um Furche durch die deutsche Erde zieht.

H.: Oder die schöne Geschichte vom fleißigen Bienchen Sum-sum, das sum-sum von Blütchen zu Blütchen eilt und den guten deutschen Honig einsammelt.

L.: Ganz recht. So fleißig wie der deutsche Bauer und das kleine Bienchen sollt auch ihr in der Schule lernen und immer artig eure Hausaufgaben machen. Dann werdet ihr einmal tüchtige Frauen und Männer. – Schaut, in eurem Alter zum Beispiel war George Washington bereits der beste Schüler seiner Klasse.

K.: Ja, Fräulein, und in Ihrem Alter war er bereits Präsident von Amerika!

L.: Schluß jetzt mit euren albernen Zwichenbemerkungen! Schlagt die Hefte auf! Wir fahren jetzt dort fort, wo wir gestern stehengeblieben sind.

K.: *(meldet sich stürmisch)* Tante, Tante, ich weiß was!

L.: Kurt, ein für allemal, gewöhne dir diese Kindergartenanrede ab. Hier in der Schule redet man mich anders an. Wie heiße ich?

D.: Na so was, jetzt weiß sie nicht einmal mehr, wie sie heißt!

L.: Jetzt hört sich aber alles auf!

(Schlagartig packen alle ihre Sachen zusammen und wenden sich zum Gehen.)

L.: *(klatscht in die Hände)* Geht sofort wieder auf eure Plätze! Hinsetzen, und kein Wort mehr!

(Alle setzen sich und sind ganz still.)

Kurt! *(Er steht auf.)* Wieviel ist 9 mal 8? *(Kurt schweigt.)* Setzen! Doris, weißt du es? *(Doris schweigt)* Ja, warum sagst du denn nichts?

K.: Sie haben doch selber befohlen »kein Wort mehr«!

L.: Ihr seid doch recht dumme und ungezogene Kinder. Ich sehe schon, ich muß ganz anders mit euch umgehen. Nun gut, ich frage euch jetzt quer durch alle Fächer ab, und wer eine einzige Antwort nicht weiß, bekommt eine 6!

(Es klopft laut und anhaltend.)

K.: Herein!

L.: Kurt, das Hereinsagen überläßt du gefälligst mir, ja? Wenn hier jemand herein sagt, dann ich. – Also, herein!

P.: *(kommt zu spät; er hat eine Schießbudenblume in der Hand)* Guten Morgen, Frau Lehrerin! Bitte schön, die Rose der Rose! *(Reicht ihr die Blume.)*

L.: Aber Pepinku, das ist doch keine Rose!

P.: Naja, – sind Sie vielleicht eine Rose?

L.: Wieso kommst du heute schon wieder zu spät zum Unterricht?

P.: Fräulein, da kann ich gar nichts für, denn erstens war da ein fürchterlicher Gegenwind . . .

L.: Lüg mich nicht an. Es ist heute vollkommen windstill!

P.: Na ja, wie Sie's wollen! Und drittens hat da drüben bei dem Bretterhäuschen ein Herr ein Zweimarkstück verloren, und da haben alle Leute geholfen suchen.

L.: Ach so, ich verstehe. Und da hast du bestimmt mitgeholfen zu suchen?

P.: Nein, Fräulein, ich habe gewartet, bis alle Leute wieder fortgegangen waren.

L.: Wieso denn das?

P.: Na, wo ich doch den Fuß auf dem Zweimarkstück stehen hatte!

L.: Pepinku, du bist ja ein Dieb! Sofort gibst du das Geld her!

P.: Geht nicht, Fräulein.

L.: Wieso denn nicht?

P.: Ich habe das Geld einem armen Mann gegeben, einem ganz armen Mann, der immer so viel geschrien hat!

L.: Zwar hast du damit immer noch nicht ganz richtig gehandelt, aber es beweist, daß du doch ein Herz hast. – Was hat denn der arme Mann geschrien?

P.: *(nachahmend)* Heiße Würstchen, heiße Würstchen!

L.: Pepinku, du enttäuschst mich von Tag zu Tag mehr. Und gerade auf dich hatte ich immer so große Hoffnungen gesetzt!

P.: Sie sollen mich doch nicht immer so bevorzugen!

L.: Dummes Zeug! – Können wir nun endlich mit einem geregelten Unterricht beginnen? – Doris, steh' auf! Wir haben neulich über die 12 Monate gesprochen und gehört, daß man jedem Monat eine ganz bestimmte Eigenschaft zuschreiben kann. Was sagt man zum Beispiel vom Januar?

D.: Der grimmigkalte Januar.

L.: Sehr gut, Doris. Und wie sagt man vom April, Kurti?

K.: Sagen Sie doch nicht immer Kurti zu mir, das macht mich ganz verlegen!

L.: Ach, Geschwätz! Also Kurt, welche Eigenschaft hat der April?

K.: Er ist launisch, Fräulein.

L.: Bravo, du kannst es ja. – Pepinku, sage mir auch einen Monat und seine Eigenschaft.

P.: Der dumme August!

L.: Weißt du, was du für eine solche Antwort verdienst?

P.: Fräulein, ich gehe nicht in die Schule, um etwas zu verdienen, sondern um etwas zu lernen.

L.: Na schön. Dann wollen wir aber jetzt auch entsprechend lernen. Ich stelle Fragen aus der deutschen Sprache. Doris, bilde einen Satz mit sollen – haben – sein!

D.: Fräulein, Sie sollen noch zu haben sein!

L.: Du ungezogenes Mädchen! – Wir nehmen jetzt die Vorsilbe »un« durch. Sie bedeutet immer etwas Schlimmes, etwas Bedrohliches oder Böses, wie z. B. Un-glück, Un-fall, Un-wetter, Un-heil und so weiter. Hanna, nenne mir ein weiteres solches Wort.

H.: Unterricht!

L.: Das ist ja wohl die Höhe! Setzen! – Joseph!

J.: Bitte sehr, Fräulein, womit kann ich dienen?

L.: Weißt du ein Wort, das für die Menschen, besonders in unserer Zeit, etwas Beängstigendes bedeutet?

J.: Universität!

L.: Unsinn!

K.: Bravo, sie hat doch noch eins gewußt!

L.: Paßt jetzt einmal ganz gut auf. Ich will euch auf ein solches Wort hinführen. – Da hat neulich in der Zeitung gestanden, daß eine Hängebrücke eingestürzt ist. Pepinku, was stellst du dir unter einer Hängebrücke vor?

P.: Wasser, Fräulein, viel Wasser!

L.: Setzen, ungenügend.

P.: Na, mir genügt's!

L.: Max, steh auf!

(Kinder rufen durcheinander: »Der Max ist gar nicht da! Der Max fehlt heute.«)

L.: Ruhe jetzt, der Max soll selber antworten!

J.: Kurt, schenk ihr doch deine Kopfschmerztabletten.

L.: Schluß mit dem Dazwischenreden, Kurti!

K.: Ja, Tante.

L.: Kurt.

K.: Ja, Fräulein.

L.: Wann wurde Goethe geboren?

K.: 1749.

L.: Sehr gut. Joseph, und was war 1750?

J.: 1750? Da wird der kleine Goethe genau ein Jahr alt gewesen sein.

L.: Mit anderen Worten, du hast letztes Mal wieder nicht aufgepaßt! Hanna, deine Erdkundenote schwankt noch. Wir haben Südfrankreich durchgenommen. Kannst du mir sagen, wo Bordeaux liegt?

H.: *(schweigt)*

J.: *(meldet sich ungestüm)* Fräulein, ich weiß es!

L.: Also, Joseph?

J.: Bei meinem Papa im Keller! Mindestens 20 Flaschen. Soll ich Ihnen einmal eine mitbringen?

K.: Vielleicht hilft das gegen ihr Kopfweh!

L.: So, nachdem ihr so frech gewesen seid, werde ich jetzt das Gedicht abfragen, das ihr bis heute lernen solltet. Pepinku, wie heißt das Gedicht?

P.: Die Glucke!

L.: Die Glocke heißt das. – Kurti, wie heißt das richtig?

K.: Das heißt richtig Kurt und nicht Kurti!

L.: Ich spreche doch von dem Gedicht die Glocke! Glooo, Glooo

K.: Klo heißt richtig WC.

L.: Also zum letzten Mal – wir sprechen von dem Gedicht die Glocke! Von wem ist dieses Gedicht, Joseph?

J.: Von Goethe . . .

L.: Falsch!

J.: Lassen Sie mich doch ausreden! Ich wollte sagen, von Goethe ist es nicht.

L.: Also, von wem ist es dann?

J.: Von Uhland . . .

L.: Nein!

J.: . . . ist es auch nicht.

L.: Von wem ist es jetzt endlich?

J.: Von Schiller?

L.: Na also!

J.: Wollte ich ja die ganze Zeit sagen, aber Sie unterbrechen einen ja ständig!

L.: Also, das Gedicht ist von Schiller und heißt die Glocke. Und wer war Schiller, Hanna?

H.: Schiller war ein Glockengießer!

L.: Entsetzlich, ein Dichter! So, und wie fängt das Gedicht nun an, Doris?

D.: Festgemauert in der Erden steht, – steht, – steht . . .

L.: Nun was denn?

P.: Es steht ein Soldat am Wolgastrand!

L.: Aber Pepinku, das ist doch etwas ganz anderes!

P.: Oh, ist aber auch nicht schlecht, oder?

L.: Hanna, festgemauert in der Erden steht die Form . . . – aus

H.: *(setzt sich wieder)*

L.: Warum setzt du dich denn, du bist doch noch lange nicht fertig?

H.: Sie haben doch selber gesagt: »aus!«

L.: Aus Lehm gebrannt. Heut noch muß die Glocke werden . . .

H.: Heut noch muß die Glocke werden . . .

L.: Weiter!

H.: Weiter muß die Glocke werden . . .

L.: Falsch, Pepinku!

P.: Enger muß die Glocke werden . . .

L.: Total falsch! Heut noch muß die Glocke werden, frisch Gesellen . . . – Joseph, mach weiter.

J.: Seid's zur Hand.

L.: Ja, so ungefähr, nur heißt es nicht seid's, sondern seid! Wir sind, ihr seid und sie . . . Pepinku?

P.: Seit wann sind Sie denn per »Sie« mit mir?

L.: Ihr könnt ja noch nicht einmal konjugieren!

K.: Mit solchen Sachen wollen wir auch nichts zu tun haben.

L.: Doris, konjugiere einmal: Ich brauche, du brauchst . . .

D.: Fräulein, ich brauche wirklich nichts!

L.: Es fehlt doch tatsächlich an allen Ecken und Enden bei euch. Und dabei kommt nächste Woche der Herr Schulrat zu uns. Hoffentlich blamiert ihr mich da nicht so. – Übrigens, er wird euch zuerst nach eurem Namen fragen. Am besten proben wir das noch kurz zum Schluß der Stunde, damit ihr ihm auch ordentlich antwortet. Ich spiele jetzt den Herrn Schulrat. »Grüß Gott, liebe Kinder!« *(Alle Kinder im Chor:)* Grüß Gott, Herr Schulrat!

L.: Ich bin euer Schulrat und heiße Dr. Bäumlein. Und wie heißt du? *(Wendet sich an Joseph.)*

J.: Ich bin der Sepp.

L.: So, so, aber in Wirklichkeit heißt du gar nicht Sepp. So nennen dich nur deine Freunde. Du heißt Joseph. – Und wie heißt du, liebes Kind? *(Zu Hanna.)*

H.: Ich heiße Hanna.

L.: Ja, gewiß. Aber auch bei dir ist das so. Hanna nennt man dich zwar, aber dein richtiger Name ist Johanna. Jo-seph, Jo-hanna! *(Zu Kurt.)* Wie heißt du denn?

K.: Haben Sie vielleicht gedacht, daß ich jetzt Jo-kurt sage? *(Es läutet und alle verlassen lärmend die Klasse.)*

Eine lustige Naturkundestunde

(für Kinder zwischen 10 und 14 Jahren)

Zeitdauer: 10 Minuten.

5 Personen: Lehrerin, Hanna, Doris, Katinka, Pitter.

Raumgestaltung und Requisiten: Bei diesem Sketch werden 4 Tische benötigt. Einer davon soll vorne als Lehrerpult stehen. Die anderen 3 Tische sollen so gestellt werden, wie es oft in Schulklassen zu sehen ist. An jeden Tisch kommen 1 oder 2 Stühle. Als Requisiten können Schultaschen (oder ähnliches) benutzt werden. Ebenso ein Heft auf dem Lehrerpult als Klassenbuch. Auch Schreibzeug und andere Hefte und Bücher, die die Kinder vor sich auf dem Tisch liegen haben, sind dienlich.

Kostüme:

Die Lehrerin sollte etwas altjüngferlich wirken, z. B. die Haare mit Klämmerchen straff nach hinten halten oder, bei längeren Haaren, zu einem Knoten oder Dutt hochstecken.
Die Wirkung wird mit einer Brille unterstrichen, die ihr so locker auf der Nase sitzen sollte, daß sie immer ein wenig über den Rand hinwegsieht.
Die Kleidung sollte entweder sehr vornehm (z. B. Kostüm von der Mutter) oder altmodisch sein.
Die *Kinder* sollen auch durch ihr Äußeres flegelhaft, lustig und spitzbübisch wirken, z. B. durch freche »Pippi-Langstrumpf-Zöpfe« und gemalte Sommersprossen auf dem Gesicht.
Die Mädchen können ruhig zum Teil geschminkt sein. Auch die Kleidung sollte die jeweilige Art des Kindes unterstreichen.
Wenn Hanna z. B. stark geschminkt ist, sollte sie auffällige Kleidung, Seidenstrümpfe und hochhackige Schuhe anziehen, sich in ihren Gebärden geziert und unnatürlich geben.

* Wenn Doris sich ›lümmelhaft‹ gibt, sollte sie alte, ausgeblichene *
* Jeans anziehen und ein weites, bequemes T-Shirt. *
* Pitter könnte eine kurze Hose (evtl. Lederhose) anziehen und dazu *
* lustige Ringelsöckchen. *
* Katinka könnte ›zerzaust‹ wirken. Dies kann man durch eine un- *
* ordentliche Frisur und schmuddelige, unordentliche Kleidung errei- *
* chen. Eventuell kann man ihr einen Zahn schwarz malen. *
* **Spielhinweise:** *
* Es kommt darauf an, wie bei den Kostümen bereits erwähnt, daß *
* sich jede Person ihrem Persönlichkeitsbild entsprechend gibt. *
* Also nicht nur auf das, *was* man sagt, kommt es an, sondern auch *wie* *
* man etwas sagt. *
* Auch Gestik und Mimik sowie Bewegungen sollten darauf abge- *
* stimmt sein. *
* Auch sollten die Sätze nicht zu schnell nacheinander gesprochen *
* werden. Man kann ruhig nach jedem ›Abschnitt‹ eine ganz kleine *
* Pause machen, damit die Spieler Zeit haben, den Zuschauern durch *
* ihren Gesichtsausdruck ihre Stimmungen zu zeigen. *
* Auch braucht man sich nicht ganz starr an das vorgegebene Konzept *
* zu halten. *
* Die Schüler können ruhig zwischendurch etwas tuscheln und unauf- *
* merksam sein, so, wie es eben auch in richtigen Unterrichtsstunden *
* manchmal abläuft . . . *
* *
* *

* * * * * * * * *   **Spielverlauf**   * * * * * * * * *

Die Kinder sitzen in den Bänken und unterhalten sich in mäßiger Lautstärke.
Die Lehrerin betritt die Klasse.

LEHRERIN: Gestattet, liebe Kinder, daß ich mich vorstelle. Mein
Name ist Feierkopf. Großes F – kleiner Eierkopf!
(Zu Doris gewandt:) Sag mal, warum ist dein Bruder nicht
in der Schule, Doris?
DORIS: Weil er die Wette gewonnen hat.
LEHRERIN: Was für eine Wette?
DORIS: Wer sich am weitesten aus dem Fenster lehnen kann.

LEHRERIN:	*(schüttelt stöhnend den Kopf)* Fangen wir an. Was ist eine Eule? Hanna.
HANNA:	Eine alte Frau, die keinen mitgekriegt hat.
LEHRERIN:	*(tadelnd)* Ihr ungezogenen Kinder! Wißt ihr wenigstens, was ein Ferkel ist?
KATINKA:	Ein kleiner Junge, der sich wie ein Schwein benimmt.
LEHRERIN:	*(verdreht die Augen)* Pitter. Wie groß sind Menschenaffen?
PITTER:	Ungefähr so groß wie Sie, Fräulein. Gibt es noch größere Affen als sie? *(grinst)*
LEHRERIN:	*(schaut streng in die Klasse)* Warum haben Giraffen so lange Hälse?
HANNA:	*(zeigt auf)* Damit sie das Futter von den hohen Bäumen holen können.
LEHRERIN:	*(freundlich)* Und warum holen sie es von den Bäumen?
KATINKA:	*(laut)* Damit sie sich nicht zu bücken brauchen.
LEHRERIN:	*(wirft ihr einen bösen Blick zu)* Was gibt es für Schlangen?
PITTER:	*(gemächlich)* Da sind Schlangen, die können gut sehen. Das sind Seeschlangen. Da sind Schlangen, die können nicht gut sehen. Das sind Brillenschlangen. Einige können überhaupt nichts sehen. Das sind die Blindschleichen.
LEHRERIN:	Kennst du Tiere, die sich zusammenrollen, Doris?
DORIS:	Ja, zum Beispiel Rollmöpse!
LEHRERIN:	Wir sprachen über den Alkohol. Wenn ich einen Regenwurm in ein Glas mit Schnaps halte, was passiert dann?
HANNA:	Dann geht er kaputt.
LEHRERIN:	*(erfreut)* Richtig! Welche Lehre kannst du daraus ziehen?
HANNA:	*(eifrig)* Man muß viel Schnaps trinken, dann kriegt man auch keine Würmer!
LEHRERIN:	Kannst du mir sagen, warum Fische stumm sind, Pitter?
PITTER:	Warum die Fische stumm sind? *(überlegt)* Na, stecken Sie mal den Kopf unter Wasser, dann können Sie auch nicht sprechen. Frau Eierkopf? – Wachsen Fische eigentlich schnell?
LEHRERIN:	*(streng)* Das heißt Feierkopf! – Aber wie kommst du darauf?

PITTER:	Mein Vater hat neulich einen Hecht gefangen. Der wird jedesmal 10 cm länger, wenn er davon erzählt.
LEHRERIN:	Die Fische hören und sehen. Was noch?
KATINKA:	Wenn sie lange liegen, können sie auch riechen.
LEHRERIN:	Welches Tier hat keine Zähne und kann doch beißen?
HANNA:	Das ist aber leicht, Fräulein! Das ist unsere Oma.
LEHRERIN:	*(erregt)* Wenn ich mich auf den Kopf stelle, fließt mir das Blut dann in den Kopf?
DORIS:	Ja!
LEHRERIN:	Und wenn ich stehe, fließt dann nicht alles Blut in die Füße?
DORIS:	Nein. Ihre Füße sind ja nicht so hohl wie Ihr Kopf!
LEHRERIN:	*(mühsam beherrscht)* Nenne mir den wichtigsten Teil des menschlichen Körpers, Katinka.
KATINKA:	*(überlegend)* Die Beine, denk' ich.
LEHRERIN:	Wie kommst du denn darauf?
KATINKA:	Na, wenn die nicht wären, würde der Po ja auf dem Boden schleifen!
LEHRERIN:	*(seufzt, verdreht die Augen und schüttelt den Kopf)* Was ist der Bauch, Hanna?
HANNA:	Es gibt Leute, die mit dem Bauch reden können. Aber manchmal kommen die Töne nicht vorne, sondern hinten raus.
LEHRERIN:	Wieso ist die Haut für den Menschen so wichtig?
PITTER:	Die hält den ganzen Menschen zusammen und hat wunderbare Eigenschaften.
LEHRERIN:	Wieso ist die Haut für den Menschen so wichtig?
PITTER:	Meine Tante hat im vergangenen Jahr 40 Pfund zugenommen – und die Haut ist nicht geplatzt.
	Fräulein Eierkopf? Waren Sie früher mal Dichterin?
LEHRERIN:	*(verwundert)* Nein, wie kommst du denn darauf?
PITTER:	Meine Mutter sagt immer, Sie hätten früher ganz schöne Geschichten gemacht!

In der Schule

(für Kinder zwischen 10 und 14 Jahren)

Zeitdauer: 10 Minuten.

4 Personen: Lehrerin, Beate, Ursula, Bernd.

Raumgestaltung

und Requisiten: Ein Tisch als Lehrerpult, dahinter 2 Bänke,
                         hinter denen die Schüler sitzen.
                         Ansonsten ist kein besonderer Aufwand
                         nötig.

Kostüme:

Die *Lehrerin* kann, wenn sie lange Haare hat, diese zu einem Knoten
zusammenstecken. Ansonsten kann sie anziehen, was sie möchte.
Man sollte allerdings darauf achten, daß die Kleidung nicht gamme-
lig wirkt.

Die *Schüler* brauchen ebenfalls keine besondere Verkleidung.
Die Haare lustig zu zwei Zöpfen oder einem Pferdeschwanz zusam-
menbinden, mit einem Lidstift ein paar Sommersprossen auf das
Gesicht malen – das reicht oft schon.

Spielhinweise:

Bei diesem Sketch sollte man darauf achten, daß die Spieler von den
Zuschauern seitlich gesehen werden. So sieht und versteht man alle
am besten.

* * * * * * * * * **Spielverlauf** * * * * * * * * *

Die Kinder sitzen in den Bänken, die Lehrerin vorne hinter dem Pult.

LEHRERIN: Kürzlich ereignete sich ein Tankerunglück an der englischen Küste. Wer kann mir etwas über den Schaden berichten, den das Öl unter den Fischen anrichtete?

BEATE: *(meldet sich)* Ich, Fräulein! Als meine Mutter gestern abend eine Dose Sardinen öffnete, war die Dose voll Öl – und alle Fische waren tot.

BERND: *(zu Ursula gewandt)* Gib mich mal den Apfel.

LEHRERIN: Gib *mir* mal den Apfel!

BERND: *(wieder zu Ursula)* Okay. – Laß ihr auch mal beißen . . .

LEHRERIN: Kommen wir auf die letzte Biologiestunde zurück. Nachdem wir nun schon über die Möwen und den Vogel Strauß gesprochen haben, kommen wir heute zum Storch. Kann mir einer von euch schon etwas über dieses Tier erzählen?

URSULA: *(zeigt auf)* Tja, Fräulein. *Können* könnte ich schon. – Aber das ist doch wohl noch kein Thema für die 8. Klasse . . .

LEHRERIN: Also: Kommen wir doch lieber zu den Menschen. Wer weiß noch etwas über die Familie der Urmenschen?

BEATE: *(eifrig)* Wir wissen heute, daß die Urmenschen alle Werkzeuge besaßen, um eine Familie zu gründen.

LEHRERIN: Es gibt verschiedene Menschenrassen. In China zum Beispiel leben die Chinesen. In Afrika die Afrikaner und in Lappland die Lappen.

BERND: *(eifrig)* Ja, Fräulein. In Lappland wohnen zwei Gruppen von Menschen. Die reichen Lappen fahren mit Rentierschlitten, die armen Lappen müssen zu Fuß gehen. – Daher der Name Fußlappen.

LEHRERIN: Wenden wir uns einmal den Märchen zu. Die Märchen haben immer eine tiefere, symbolische Bedeutung. Nehmen wir zum Beispiel das Märchen vom Rotkäppchen, das ihr ja wohl alle kennt.

URSULA: Ja. Als der Jäger den dicken Bauch der Großmutter sah, wußte er, was geschehen war.

LEHRERIN: Gehen wir zu den Jahreszeiten über. Wie viele gibt es, Beate?

BEATE: Vier.

LEHRERIN:	Richtig. Und kannst du mir auch sagen, welches die erste ist?
BEATE:	Der Frühling.
LEHRERIN:	*(erfreut)* Ja, auch richtig. *(Freundlich:)* Weißt du denn auch, woran wir erkennen, wann es Frühling ist?
BEATE:	Ja, da legen die Hühner die Eier und die Bauern die Kartoffeln.
LEHRERIN:	Kommen wir nun zur Grammatik. Letzte Stunde haben wir über die Vergangenheit und die Gegenwart gesprochen.
	Bernd, was ist das, wenn ich dir sage: Ich werde heiraten.
BERND:	Das ist auch höchste Zeit, Fräulein . . .
LEHRERIN:	Ursula, betet ihr zu Hause immer vor dem Essen?
URSULA:	Bei uns ist das nicht nötig, Fräulein. Mutti kocht prima!
LEHRERIN:	Die Mohammedaner dürfen viele Frauen haben. Das nennt man auch Vielehe.
	Die Christen dürfen nur eine Frau haben. Wer weiß, wie man das nennt?
BEATE:	Das nennt man Monotonie, Fräulein.

Ein Klassengespräch

(für Kinder zwischen 9 und 14 Jahren)

Zeitdauer: 10 Minuten.

3 Personen: Lehrer, Schüler, Schülerin.

Raumgestaltung und Requisiten: Ein paar Tische und Stühle, die ein Klassenzimmer darstellen sollen.
Ebenso können Bücher, Hefte, Schreibzeug, Schultaschen usw. diesen Eindruck unterstreichen.

Kostüme:

Der *Lehrer* kann sehr ordentlich und schick angezogen sein (mit gebügelter Hose, weißem Hemd, Krawatte) und eine streng nach hinten gekämmte Frisur haben (mit Wasser, Haarspray oder Pomade zum Halten bringen). Er könnte aber auch wie ein ›zerstreuter Professor‹ wirken, mit wirr nach oben toupierten Haaren, zwei unterschiedlichen Schuhen oder Strümpfen, falsch geknöpfter Jacke oder Hemd.

Der *Schüler* benötigt keine besondere Verkleidung.

Eventuell könnte er alte, gammelige Jeans und eine Brille tragen.

Die *Schülerin* trägt Zöpfe oder einen Pferdeschwanz, je nach Haarlänge, und ein paar Sommersprossen.

Als Kleidung dient entweder ein Rock (kurz) oder eine normale Hose. Auch hier ist keine besondere Kostümierung notwendig.

Spielhinweise:

Beim Vorspielen des Sketches ist darauf zu achten, daß die Spieler seitlich zum Publikum stehen bzw. sitzen, da die Zuschauer sonst immer entweder den Lehrer oder die Schüler nur von hinten sehen. Das würde sich nicht nur negativ auf das Spielgeschehen auswirken, sondern ebenso auf die Akustik.

Alle Mitspieler befinden sich auf ihren Plätzen. Der Lehrer räuspert sich.

LEHRER:	Ich habe deine Mutter zur Schule bestellt. Kommt sie gleich?
SCHÜLER:	Nein, die kann nicht kommen.
LEHRER:	*(verwundert)* Warum denn nicht?
SCHÜLER:	Die kann ihr Gebiß nicht finden.
LEHRER:	Woher weißt du das denn so genau?
SCHÜLER:	Weil ich das Gebiß hier in der Tasche habe.
LEHRER:	*(schüttelt den Kopf, blättert in einem aufgeschlagenen Buch, das vor ihm auf dem Tisch liegt)* Nenne mir ein Beispiel für Verantwortung, Sabine.
SCHÜLERIN:	An meiner Hose habe ich zwei Knöpfe. Wenn der eine abreißt, trägt der andere die ganze Verantwortung.
LEHRER:	Das Wort »Hosen«, – ist das Einzahl oder Mehrzahl?
SCHÜLER:	Oben Einzahl und unten Mehrzahl.
LEHRER:	Wer kann mir einen Satz sagen, in dem das Wort »einfältig« vorkommt?
SCHÜLERIN:	Sie haben zwei Tropfen an der Nase. Ein-fällt-dich gleich runter!
LEHRER:	Alles, Kinder, was ihr anfassen könnt, schreibt man groß. Alles andere klein. Nehmen wir mal den Satz: Die Frau sitzt hinterm Ofen. Nun sagt mir, was man groß und klein schreibt!
SCHÜLER:	*(meldet sich stürmisch)* Das Wörtchen »Die« kann man nicht anfassen – schreibt man klein! »Frau« kann man nicht anfassen – das tut man nicht. Schreibt man klein! »Hintern« kann man anfassen, schreibt man groß. »Ofen« kann man nicht anfassen, ist zu heiß. Schreibt man also klein!
LEHRER:	*(hält ein aufgeschlagenes Buch in die Höhe)* Was siehst du auf diesem Bild, Sabine?
SCHÜLERIN:	Eine Woge!
LEHRER:	Das heißt nicht Woge, das heißt Waage!
SCHÜLERIN:	Herr Lehrer, ich werde mich morgen waagen!
LEHRER:	Das heißt nicht waagen, das heißt wiegen.
SCHÜLERIN:	Herr Lehrer, ich habe mich gestern gewiegt.
LEHRER:	Das heißt nicht gewiegt, das heißt gewogen! Was siehst du also auf dem Bild?

SCHÜLERIN:	Eine Woge, Herr Lehrer!
LEHRER:	*(legt das Buch beiseite)* Die Silbe »un« ist immer etwas Schlechtes, Unangenehmes und Schädliches. Zum Beispiel: Unrat, Unfug, Ungeziefer. Sage du mal ein Beispiel! *(An den Schüler gewandt.)*
SCHÜLER:	Unterricht!
LEHRER:	Wie würdest du einen Mann nennen, der noch keine Frau hat?
SCHÜLER:	*(gelangweilt)* Ledig.
LEHRER:	*(erfreut)* Richtig! Und was ist ein Mann, der eine Frau hat?
SCHÜLER:	*Er*ledigt.
LEHRER:	Kennst du denn nicht das Wort »Junggeselle«?
SCHÜLER:	Doch! Das ist ein Mann, dem zum Glück die Frau fehlt!
LEHRER:	*(bedeckt kurz mit einer Hand kopfschüttelnd die Augen)* Nun sage mir noch, was eine Braut ist.
SCHÜLER:	Eine Braut ist ein Fräulein, das noch keinen Mann hat, aber schon einen weiß.
LEHRER:	Wer nennt mir ein Eigenschaftswort, das sich steigern läßt?
SCHÜLERIN:	*(meldet sich)* Ich, Herr Lehrer: Forsch.
LEHRER:	Gut und wie lautet die Steigerung?
SCHÜLERIN:	Forsch – Förschter – Oberförschter!
LEHRER:	*(mühsam beherrscht)* Wie heißt die Mehrzahl von Bub? – Nun? – *(Sieht die stummen Kinder erwartungsvoll an.)* Schaut einmal, wie sagt euer Vater, wenn er viele Jungen meint?
SCHÜLER:	Dann sagt er immer »Verfluchte Bande« oder »Blöde Hammel«!
LEHRER:	In der vorigen Woche habe ich euch von Dornröschen erzählt. Nun, wißt ihr noch, wie der Prinz das Dornröschen aufgeweckt hat?
SCHÜLERIN:	Nein.
LEHRER:	Denkt nach! Es ist dasselbe, was euch eure Mutter gibt, wenn ihr zur Schule geht!
SCHÜLERIN:	*(schlägt sich mit der flachen Hand vor die Stirn)* Ach, jetzt weiß ich: einen Löffel Hustensaft!
LEHRER:	Robert! Bilde einen Satz mit Wasser!

SCHÜLER:	Der Eimer ist voll.
LEHRER:	*(erstaunt)* Wo bleibt das Wasser?
SCHÜLER:	Im Eimer!
LEHRER:	Warum heißt es: Vaterland, aber die Muttersprache?
SCHÜLERIN:	Weil die Väter nichts zu sagen haben.
LEHRER:	Wer kann mir ein paar Elemente aufzählen?
SCHÜLER:	Luft, Feuer, Wasser und Steinhäger.
LEHRER:	Wie kommst du denn darauf, daß Steinhäger ein Element ist?
SCHÜLER:	Wenn der Vater Steinhäger trinkt, sagt Mutter immer: »Jetzt ist er in seinem Element!«
LEHRER:	*(atmet tief durch)* Wie macht sich das Herannahen eines Gewitters bemerkbar?
SCHÜLERIN:	Erst hört man ein Murmeln an der Haustüre, dann flucht einer leise. Dann kratzt es am Schlüsselloch, dann wird die Mutter wach und dann bricht ein furchtbares Gewitter los!
LEHRER:	Wenn dein Vater heute morgen nur zehn Mark in der Tasche hatte und am Abend bringt er fünfhundert Mark mit: Was ist da in seiner Firma geschehen?
SCHÜLERIN:	Dann hat Vater bestimmt wieder ein krummes Ding gedreht!
LEHRER:	Sagt mir mal: Wieviel ist $3 + 4$?
BEIDE:	Können wir nicht!
LEHRER:	Also. Paßt einmal auf. Ich schenke dir 3 Äpfel, Robert. Und dir, Sabine, 4. Wieviel habt ihr dann zusammen?
SCHÜLER:	Satt und genug!
LEHRER:	Wieviel ist denn $5-1$? Na? *(abwartend)* Also, stellt euch vor, ich habe hier einen Koffer, in dem 5 Äpfel sind. Jetzt öffne ich den Koffer und nehme einen Apfel heraus. Was ist dann? *(keine Reaktion)* Was habe ich dann?
SCHÜLERIN:	*(zögernd, – nach einer Weile)* Dann haben Sie nicht mehr alle im Koffer!
LEHRER:	*(geduldig)* Anders gefragt: Wenn 5 Enten auf eurem Fischteich schwimmen und eine davon taucht unter. Wie viele bleiben dann oben?
SCHÜLER:	Wir haben aber keinen Fischteich und auch keine Enten. Wir haben Gänse!

41

LEHRER:	*(mit ungeduldiger Stimme)* Gut, also dann dieselbe Frage mit Gänsen!
SCHÜLER:	Erstens tauchen Gänse nicht! Zweitens haben wir nur zwei zu Hause im Stall!
LEHRER:	Ihr sollt auf der Straße alten Leuten gegenüber immer höflich sein und hilfsbereit.
SCHÜLERIN:	Sind wir auch, Herr Lehrer! Gestern haben wir mit drei Mädchen ein altes Mütterchen über die Straße gebracht. Eine hielt sie an der linken Hand, eine an der rechten Hand – und ich habe hinten geschoben.
LEHRER:	*(lächelnd)* Das war sehr schön und gutherzig von euch! Aber warum hast du hinten geschoben?
SCHÜLERIN:	Mußte ich doch! Die wollte doch gar nicht auf die andere Seite!!!
LEHRER:	*(an den Schüler gewandt)* In der vergangenen Woche habt ihr doch Zwillinge bekommen, Robert. Habt ihr auch einen Namen für die Kinder?
SCHÜLER:	Ja. Als die beiden da waren, schrie der Papa sofort: »Donner und Doria!« Herr Lehrer, mein Papa spricht auch wieder mit mir.
LEHRER:	Wieso? Hattest du ihn verärgert?
SCHÜLER:	Nein, unser Fernseher ist seit gestern kaputt.
LEHRER:	Welchen Beruf hat dein Vater?
SCHÜLER:	Mein Vater ist Dachdecker!
LEHRER:	Und was ist dein Vater, Sabine?
SCHÜLERIN:	Meiner ist pleite, Herr Lehrer!

Pastor und Schüler
Zwiegespräch
(für Kinder zwischen 10 und 14 Jahren)

Zeitdauer:	10–15 Minuten.
2 Personen:	Pastor und Schüler.
Raumgestaltung	
und Requisiten:	Für diesen Sketch sind keine besonderen Vorbereitungen nötig.
	Es kann so gespielt werden, daß sich Pastor und Schüler auf der Straße treffen und ins Gespräch kommen, oder daß der Schüler in einer Schulklasse an einem Tisch sitzt und der Pastor am Pult. Also eine Religionsstunde.

Kostüme:

Der *Pastor* würde natürlich am besten wirken, wenn er einen schwarzen Talar anziehen würde (z. B. ein großes Stück Stoff als Umhang). Ist das nicht möglich, sollte er schwarze oder möglichst dunkle Kleidung anziehen.

Der *Schüler* kann in »normaler« Kleidung erscheinen.

Spielhinweise:

Der Pastor sollte eine festliche Erscheinung abgeben. Das kann er durch seine Kleidung ausdrücken (zur Unterstreichung seines Amtes kann er eine Bibel oder ein Gesangbuch bei sich tragen), aber auch durch seine Bewegungen (langsame, gemessene Schritte) und Gebärden.

Der Schüler sollte einerseits verschmitzt, andererseits auch kindlich-naiv wirken. Auch bei diesem Spiel ist darauf zu achten, daß die Zuschauer keinen der Spielenden von hinten sehen. (Nicht nur, um das Spielgeschehen besser verfolgen zu können, sondern vor allen Dingen, weil die Akustik besser ist, wenn die Spieler in den Raum hinein – zu den Zuhörern – sprechen.)

Pastor und Schüler begegnen und begrüßen sich.

PASTOR: Nun, wie gefällt dir denn dein neues Brüderchen?

SCHÜLER: Ganz nett! Aber es ist noch sehr dumm. Ob ich dem eine Spinne oder einen Regenwurm in den Mund stecke: Der ißt alles!

PASTOR: *(macht ein entsetztes Gesicht)* Kannst du mir verraten, was du morgens als erstes tust, wenn du aufstehst?

SCHÜLER: Ich mache Pipi!

PASTOR: *(eindringlich)* Überlege ganz genau, was du tust, wenn du morgens wach wirst.

SCHÜLER: *(gelangweilt)* Ach so – ich bete noch.

PASTOR: *(freundlich)* Nun sag doch den lieben Kindern hier einmal *(zeigt auf das Publikum),* wie lange du betest?

SCHÜLER: Bis ich fertig bin mit Pipi!
Herr Pastor, kommen die Löwen auch in den Himmel?

PASTOR: Nein, mein Kind.

SCHÜLER: Kommen denn Pastoren in den Himmel?

PASTOR: *(überzeugt)* Natürlich!

SCHÜLER: Aber was ist, wenn ein Löwe einen Pastor gefressen hat?

PASTOR: *(verdreht die Augen zur Decke)* Gott ist allgegenwärtig!

SCHÜLER: Bei uns im Keller aber nicht.

PASTOR: *(verständnislos)* Warum das denn nicht?

SCHÜLER: Da liegen die Kohlen bis zur Decke!
Herr Pastor: Heute morgen habe ich Sie in der Kirche gesehen. Sie standen vorn an der Theke.

PASTOR: So? Was hat dir denn im Gottesdienst am besten gefallen?

SCHÜLER: *(mit strahlenden Augen)* Am schönsten war es, als der Mann mit dem Körbchen kam. Da habe ich mir eine Handvoll Geld genommen.

PASTOR: *(tadelnd)* Das war aber böse!

SCHÜLER: Was machen Sie denn mit dem eingesammelten Geld?

PASTOR: Nach dem Gottesdienst teile ich das Geld in zwei gleich große Häufchen. Das eine ist für mich. Das andere werfe ich in die Höhe, und was oben bleibt, das gehört dem lieben Gott!

SCHÜLER: Am Sonntag ist unser Brüderchen getauft worden.

PASTOR:	Was sind die sichtbaren Zeichen beim heiligen Abendmahl?
SCHÜLER:	Brot und Wein.
PASTOR:	*(erfreut)* Gut! Und was sind die sichtbaren Zeichen bei der Taufe?
SCHÜLER:	*(überlegt)*
PASTOR:	Denk an die Taufe deines Brüderchens!
SCHÜLER:	Ach ja! – Kaffee und Kuchen.
PASTOR:	War die Taufe gut vorbereitet?
SCHÜLER:	*(eifrig)* Wir haben extra ein Schwein geschlachtet!
PASTOR:	Ich meine, ob die Taufe geistig vorbereitet war?
SCHÜLER:	Da hatte mein Papa auch dran gedacht. Der ganze Schrank war voll mit Asbach Uralt und Steinhäger!
PASTOR:	Mein Sohn, wie viele Götter gibt es?
SCHÜLER:	Drei!
PASTOR:	*(verwirrt)* Wie meinst du das?
SCHÜLER:	*(zweifelnd)* Vier?!
PASTOR:	*(bestürzt)* Vier? Wie kommst du denn darauf?
SCHÜLER:	*(grinst)* Fünf!
PASTOR:	Sei nicht so dumm, Junge! Denk nach. – Überlege! . . . Nun?
SCHÜLER:	Sechs.
PASTOR:	Du willst mich wohl auf den Arm nehmen?
SCHÜLER:	Sieben!
PASTOR:	*(ärgerlich)* Jetzt reicht es mir aber! Zwei Seiten Strafarbeit! Natürlich gibt es nur einen einzigen Gott!!
SCHÜLER:	*(mault)* Und ich dachte, Sie hätten mit den sieben noch nicht genug! Herr Pastor, hat Gott wirklich alle Tiere gemacht?
PASTOR:	Ja, alle.
SCHÜLER:	Auch die Flöhe?
PASTOR:	Auch die Flöhe!
SCHÜLER:	*(anerkennend)* Das muß aber eine knifflige Arbeit gewesen sein!
PASTOR:	*(holt tief Luft)* Von allen Birn- und Apfelbäumen durften Adam und Eva essen. Nur vom Apfelbaum der Erkenntnis nicht. Warum wohl nicht?

SCHÜLER:	Die wollte der liebe Gott sicher einmachen.
PASTOR:	Was heißt das: »Im Schweiße deines Angesichtes sollst du dein Brot essen«?
SCHÜLER:	*(nachdenklich)* So lange Brot essen . . . bis man schwitzt.
PASTOR:	Womit wurde Adam im Paradies für seine Sünden bestraft?
SCHÜLER:	Er mußte Eva heiraten!
PASTOR:	*(zeigt ein Bild)* Hier auf diesem Bild siehst du den heiligen Josef, dort kniet Maria und hier ist das Jesuskind.
SCHÜLER:	Das Jesuskind hat ja noch nicht einmal ein Hemd an! – Also – kein Hemd haben, aber für teures Geld fotografieren lassen!!
PASTOR:	Maria saß in ihrer Stube, da tat sich plötzlich die Tür auf, und herein trat mit zwei langen, weißen Flügeln . . .
SCHÜLER:	*(unterbricht ihn)* Hören Sie auf! Ich weiß schon: . . . der Klapperstorch!
PASTOR:	*(sieht ihn ernst an und faltet die Hände)* Erzähle von der Flucht der Heiligen Familie.
SCHÜLER:	Und Rodes ließ alle Kindlein töten, die zwei Jahre und darunter waren.
PASTOR:	Wieso Rodes, HERODES heißt das!
SCHÜLER:	*(empört)* Kann man denn zu so einem Kerl noch »Herr« sagen?!
PASTOR:	Alle freuten sich bei der Heimkehr des verlorenen Sohnes. Nur einer nicht. Wer wohl?
SCHÜLER:	Das gemästete Kalb!
PASTOR:	Als der Vater den verlorenen Sohn sah, fiel er auf sein Angesicht und weinte. Warum wohl!
SCHÜLER:	Na, wer würde nicht weinen, wenn er mit dem Gesicht aufs Pflaster fällt.
PASTOR:	*(drohend)* Hartgesottene Sünder werden in der Hölle schauerlich bestraft werden. Da wird sein Heulen und Zähneklappern unter den Bösen!
SCHÜLER:	*(verschmitzt)* Wenn aber nun einer keine Zähne mehr hat, was dann?
PASTOR:	Spielt keine Rolle. Für Zähne wird gesorgt!

Im Krankenhaus

(für Kinder zwischen 12 und 14 Jahren)

Zeitdauer:	5 Minuten.
2 Personen:	Krankenschwester, Patient.
Raumgestaltung	
und Requisiten:	Ein Tisch als Schreibtisch der Kranken-
	schwester und dahinter ein Stuhl. Auf dem
	Tisch können eventuell ein paar Blumen ste-
	hen, ein Schreibblock und Schreibzeug liegen
	und ein paar Schachteln Medikamente.

Kostüme:

Die *Krankenschwester* hat eine weiße Schürze vorgebunden und ein Krankenschwesternhäubchen auf (entweder aus einem weißen Kopftuch oder aus Kreppapier basteln). Falls die Krankenschwester lange Haare hat, sollte sie diese zusammenbinden und hinten zu einem Knoten verschlingen.

Der *Patient* trägt einen Schlafanzug und darüber einen Morgenmantel.

Spielhinweise:

Die Krankenschwester spricht am Anfang sehr ruhig und gelassen. Mit der Zeit wird ihre Stimme immer ungeduldiger und lauter.

Der Patient sollte etwas ›vertrottelt‹ wirken. Das muß er hauptsächlich durch Gestik und Mimik zum Ausdruck bringen (ernsthaft und genau zuhören, dabei ein etwas dümmliches Gesicht machen . . .).

Die Krankenschwester sitzt am Tisch und schreibt. Ein Patient kommt zögernd, mit wehleidiger Miene herein. Die Krankenschwester schaut auf.

SCHWESTER: Aber Herr Schulz, Sie sind jetzt schon das dritte Mal hier. Was ist denn schon wieder?

PATIENT: Ach Schwester, ich habe ja solche Kopfschmerzen! Ich kann überhaupt nicht mehr schlafen!

SCHWESTER: Ja, dann nehmen Sie am besten ein Aspirin und eine Spalttablette.

PATIENT: Zuerst das Aspirin oder zuerst die Spalttablette?

SCHWESTER: Das ist ganz egal.

PATIENT: Dann nehme ich zuerst das Aspirin und dann die Spalttablette.

SCHWESTER: *(reicht ihm die Pillen)* Ja, machen Sie's so.

PATIENT: Aber schadet es denn, wenn ich zuerst die Spalttablette nehme und dann das Aspirin?

SCHWESTER: *(seufzt)* Nein, das schadet auch nichts.

PATIENT: Dann nehm' ich doch zuerst das Aspirin.

SCHWESTER: *(resigniert)* Nehmen Sie zuerst das Aspirin.

PATIENT: Kann ich die Tabletten mit Wasser nehmen?

SCHWESTER: Ja, das können Sie.

PATIENT: Wieviel Wasser? Ein halbes Glas voll?

SCHWESTER: *(gereizt)* Das ist egal! Nehmen Sie ruhig ein halbes Glas voll.

PATIENT: Kann ich denn auch mehr nehmen?

SCHWESTER: *(steht auf und sagt erregt)* Ja, Sie können auch mehr nehmen!

PATIENT: Muß ich das Wasser kochen oder aus der Wasserleitung nehmen?

SCHWESTER: *(gepreßt)* Sie können es ruhig aus der Wasserleitung nehmen!

PATIENT: Schadet das auch wirklich nichts?

SCHWESTER: *(gedehnt)* Nein!

PATIENT: Geht es auch mit Sprudel?

SCHWESTER: *(lauter)* Natürlich geht es auch mit Sprudel!

PATIENT: Muß ich dann nicht weniger nehmen?

SCHWESTER: *(noch lauter)* Warum sollten Sie weniger nehmen?

PATIENT: Wegen der Kohlensäure. – Oder schadet die nichts?

SCHWESTER:	*(wieder mühsam beherrscht)* Nein, die schadet nichts! Aber Herr Schulz: Wollen Sie jetzt nicht gehen? Ich habe noch viel zu tun! *(Setzt sich demonstrativ wieder an ihren Schreibtisch.)*
PATIENT:	Ja, auf Wiedersehen. *(Wendet sich zur Tür, dreht sich noch einmal um.)* Also mit Sprudel.
SCHWESTER:	*(nachdrücklich)* Auf Wiedersehen!!!
PATIENT:	*(kommt wieder zurück)* Ach, das Wichtigste hätte ich fast vergessen: Wie oft muß ich sie einnehmen?
SCHWESTER:	3mal am Tag.
PATIENT:	Und wenn ich's mal vergesse?
SCHWESTER:	Das dürfen Sie eben nicht vergessen.
PATIENT:	Aha. *(Geht wieder zur Tür; wendet sich wieder um.)* Und noch etwas: Muß ich die Tabletten vor oder nach dem Essen nehmen?
SCHWESTER:	Vor dem Essen.
PATIENT:	Aber morgens esse ich nichts. Da trinke ich nur ein Täßchen Kaffee. Darf ich die Tabletten dann dazu nehmen?
SCHWESTER:	*(gereizt)* Nehmen Sie sie wie Sie wollen!
PATIENT:	Sie meinen, das schadet nichts? – Oder soll ich die Tabletten nicht doch lieber . . .
SCHWESTER:	*(haut mit der flachen Hand auf den Tisch)* Hören Sie auf!!! – Ich habe solche Kopfschmerzen. *(Stützt ihre Stirn in die Hand.)*
PATIENT:	*(begütigend)* Ja, Schwester, da habe ich was für Sie. Nehmen Sie am besten Aspirin und eine Spalttablette . . .

Zahnarztbesuch

(für Kinder ab 11 Jahre)

Zeitdauer: 5–7 Minuten.

3 Personen: Patient, Zahnarzt, Arzthelferin.

Raumgestaltung und Requisiten:

Hauptrequisit dieses Stückes ist ein Stuhl oder Sessel, der für die Zuschauer gut sichtbar aufgestellt wird. Besonders gut geeignet ist ein Stuhl mit Kopflehne. Ist ein solcher Stuhl nicht vorhanden, muß der Patient seinen Kopf aus eigener Kraft nach hinten beugen. Für den Zahnarzt könnte ein kleiner Schemel neben dem Behandlungsstuhl aufgestellt werden. Er kann jedoch auch im Stehen arbeiten.

Weiterhin benötigt der Zahnarzt typische Instrumente für die Zähne, wie Spiegel, Haken, Zangen sowie Tücher. Diese liegen auf einem kleinen Tisch, Schrank oder Teewagen, der neben dem Stuhl aufgestellt wird.

Außerdem muß auf dieser Ablage ein Buch oder noch besser ein Kasten mit Karteikarten liegen, der am Schluß benötigt wird.

Wirkungsvoll – jedoch nicht unbedingt notwendig – ist es auch, wenn in der Nähe des Behandlungsstuhles ein Strahler angebracht wird, der den Patienten voll anstrahlt.

Kostüme:

Der *Patient* ist normal gekleidet.

Zahnarzt und *Arzthelferin* sollten möglichst einen weißen Kittel tragen.

Spielhinweise:

Dieser Sketch erhält seine Wirkung dadurch, daß der Patient immer wieder mitten im Satz unterbrochen wird und die Zuschauer dadurch erst am Schluß erfahren, was er eigentlich sagen will.

Der Patient verkörpert einen schüchternen Typ, der sich nicht durchsetzen kann. Der Zahnarzt dagegen ist ein geschwätziger, ungeduldiger Typ, der dem Patienten nie richtig zuhört.

50

PATIENT: *(kommt herein und bleibt suchend zwischen den Zuschauern stehen, bis die Arzthelferin auf ihn zukommt)* Guten Tag. Ich möchte gerne den Doktor sprechen.

ARZTH.:   Einen Moment bitte. Sie können schon einmal dort im Behandlungszimmer Platz nehmen. *(Sie führt ihn zum Stuhl.)* Der Doktor kommt sofort. *(Sie deutet auf den Stuhl, der Patient stellt sich daneben.)* Setzen Sie sich!

PATIENT: Ja, aber ich wollte, . . . ich meine . . .

ARZTH.:   Das können Sie gleich alles dem Doktor erzählen. *(Drückt ihn auf den Stuhl, bindet ihm ein Tuch um und verläßt den Raum.)*

DOKTOR: Na, guten Tag. Was haben wir denn für Beschwerden? *(Schüttelt dem Patienten die Hand.)*

PATIENT: Eigentlich, – wissen Sie, das ist so, ich kann nämlich nicht . . .

DOKTOR: Na, machen Sie mal den Mund weit auf. Das seh' ich mir gleich mal an. *(Schaltet die Lampe ein.)*

PATIENT: Nein, das ist es nicht, ich . . . *(Der Zahnarzt öffnet ihm mit dem Spiegel den Mund, und man hört nur noch unverständliche Laute.)*

DOKTOR: Rechts?

PATIENT: *(schüttelt den Kopf)*

DOKTOR: *(stochert in den Zähnen herum)* Sie werden doch keine Angst haben! Sie waren doch schon öfters bei uns. – So, bitte einmal fest zubeißen!

PATIENT: *(hebt den Kopf)* Herr Doktor, das ist es doch nicht. Ich wollte doch nur . . .

DOKTOR: Zum Nachsehen kommen. Das ist vernünftig. Bitte noch einmal weit aufmachen! An Ihnen könnten sich manche meiner Patienten ein Beispiel nehmen. Wenn Sie wüßten, wie schlampig einige Leute mit ihren Zähnen sind. *(Nimmt den Haken aus dem Mund.)*

PATIENT: Aber ich war doch vor einem Monat erst hier, es ist nur . . .

DOKTOR:	So, Sie sind also nicht zufrieden? Was haben wir denn letztes Mal gemacht? Moment, gleich haben wir es. *(Er blättert in den Karteikarten.)*
PATIENT:	Nein, nein, Herr Doktor, das ist es doch nicht . . .
DOKTOR:	Ach, da haben wir es schon. Eine Füllung oben rechts, unten links einen Backenzahn entfernt. – Oh, da sehe ich gerade: Ihre Rechnung steht ja noch offen!
PATIENT:	*(erleichtert)* Ja, Herr Doktor, das ist es!

Ausziehen

(für Kinder ab 8 Jahre)

Zeitdauer: 10–15 Minuten.

2–4 Personen: Doktor, Stromableser, eventuell Sprechstundenhilfe, eventuell Patient.

Raumgestaltung und Requisiten:

Der zur Verfügung stehende Raum sollte in einen kleineren Teil, das Wartezimmer, und in einen größeren Teil, das Untersuchungszimmer, aufgeteilt werden.

Wartezimmer: Hier werden einige Stühle nebeneinander aufgestellt. Dazu vielleicht ein kleines Tischchen oder einen Hocker mit einigen Zeitschriften. Ist wenig Platz vorhanden, genügen auch zwei nebeneinanderstehende Stühle und eine Zeitschrift.

Untersuchungszimmer: Ideal ist es, wenn ein länglicher Tisch (der Schreibtisch) aufgestellt werden kann. Davor und dahinter steht ein Stuhl, etwa abseits davon noch ein Stuhl oder ein Hocker (die Umkleidekabine).

Auf den Tisch stellt man ein Spielzeugtelefon, daneben werden allerlei Bücher, Aktenordner, Blätter und Stifte gelegt. Falls vorhanden, können auch ärztliche Geräte dazugelegt werden. Außerdem wird noch eine Glocke benötigt, mit der das Läuten des Telefons nachgeahmt werden kann.

Kostüme:

Der *Doktor* sollte einen weißen Arztkittel tragen oder einen weißen Pullover (Hemd) und eine dunkle Hose. Er sollte eine Uhr tragen, und auch eine Brille wäre von Vorteil.

Der *Stromableser*, Herr Schmidt, kann normale Kleidung tragen. Der Clou ist allerdings, daß er möglichst viele Sachen übereinander trägt, wie z. B.: Unterhemd, warmes Unterhemd, lange Unterhose, T-Shirt mit kurzem und mit langem Arm, Hemd, dünnen und dicken Pullover, zwei Paar Strümpfe, Jacke, Mantel, Schal, Mütze, Handschuhe. Er trägt eine Aktenmappe unter dem Arm.

Die *Sprechstundenhilfe* trägt einen weißen Kittel, der *Patient* normale Kleidung.

* * * * * * * * * **Spielverlauf** * * * * * * * * *

Ein Mann sitzt im Wartezimmer und blättert in einer Zeitschrift. Kurz darauf betritt die Sprechstundenhilfe das Zimmer, lächelt freundlich, macht eine einladende Handbewegung und sagt: »Der Nächste, bitte!«
Der Herr legt die Zeitschrift weg, sieht sich noch einmal um, nimmt die Mappe an sich, die er neben seinen Stuhl gestellt hatte, und folgt der Sprechstundenhilfe ins andere Zimmer. Dort verabschiedet der Doktor gerade einen Patienten mit einem Händedruck und den Worten: »Denken Sie daran, dreimal täglich, und nächste Woche sehen wir uns wieder.«
Der Patient verläßt mit der Sprechstundenhilfe den Raum und der Doktor wendet sich Herrn Schmidt zu und schüttelt diesem grüßend die Hand. Herr Schmidt stellt sich vor.

SCHMIDT: Schmidt, ich bin von der . . .

DOKTOR: *(unterbricht ihn)* Ja, ja, wir werden sehen! Sie können sich erst einmal da vorne ausziehen *(deutet auf den Stuhl)*, und dann sehen wir weiter!

SCHMIDT: *(protestierend)* Aber Herr Doktor, ich . . .

DOKTOR: *(abwehrend)* Sie werden sich doch wohl nicht genieren, in Ihrem Alter? Ha, ha! *(Wendet sich ab.)*

SCHMIDT: *(hält ihn fest)* Hören Sie, ich bin doch nur gekommen . . .

DOKTOR:	*(zieht seine Brille aus)* Also, wenn Sie schon einmal hier sind, wollen wir Sie doch gleich einmal richtig untersuchen, nicht wahr? *(Er setzt die Brille wieder auf, schiebt Herrn Schmidt zu dem abseits stehenden Stuhl und geht zum Tisch zurück.)*
SCHMIDT:	*(zuckt die Schultern, stellt die Mappe ab und beginnt umständlich, Mütze, Schal, Handschuhe und Mantel auszuziehen)*
DOKTOR:	*(wühlt in den Papieren, zieht ein Blatt und einen Stift hervor und setzt sich hinter den Schreibtisch)*
SCHMIDT:	*(kommt ein paar Schritte auf den Doktor zu)* Herr Doktor, ich bin gekommen, weil . . .
DOKTOR:	*(nimmt wieder die Brille ab, ungeduldig)* Weil Sie ein Wehwehchen haben. Deswegen kommen ja alle Leute zu mir. Aber wie soll ich Sie denn untersuchen, wenn Sie sich nicht ausziehen wollen? *(Setzt die Brille wieder auf und beginnt zu schreiben.)* Name?
SCHMIDT:	*(zieht resignierend die Jacke aus)* Schmidt.
DOKTOR:	Vorname?
SCHMIDT:	Aloisius.
DOKTOR:	Wie?
SCHMIDT:	Aloisi. . . – Also hören Sie, das geht doch nicht, ich . . .
DOKTOR:	Was geht hier nicht? Meinen Sie, ich hätte noch nie einen nackten Mann gesehen? – Weitermachen! Wohnort?
SCHMIDT:	*(zuckt die Schultern und zieht nacheinander zwei Pullover über den Kopf)* Holterbusch.
DOKTOR:	Straße?
SCHMIDT:	Veilchenweg 7.
DOKTOR:	Alter?
SCHMIDT:	*(bückt sich seufzend, um sich die Schuhe auszuziehen; langgezogen)* 46! *(Plötzlich gibt er sich noch einmal einen Ruck und läuft auf Strümpfen zum Schreibtisch.)* Jetzt ist . . . *In dem Moment klingelt das Telefon.*
DOKTOR:	*(setzt die Brille ab, greift zum Hörer und macht mit der anderen Hand eine ungeduldige Handbewegung zum Stuhl hin)*
SCHMIDT:	*(trottet langsam zum Stuhl und zieht sich weiter aus)*

DOKTOR:	*(telefoniert)* Ja, ja, na so was! Ja, bei dem Wetter auch kein Wunder. Hat er Fieber? – So, so. Ja, ich schreibe Ihnen was auf. Bitte, bitte, wiederhören!
DOKTOR:	*(legt den Hörer auf und schreibt)*
SCHMIDT:	*(kommt in Unterwäsche zum Schreibtisch und macht einen letzten Versuch)* Herr Doktor, ich wollte doch nur . . .
DOKTOR:	*(kommt um den Tisch herum)* Ach, Sie sind fertig. Schön! Dann reichen Sie mir mal Ihren Arm.
	(Er fühlt den Puls und schaut auf die Uhr.) So, jetzt bitte 10 Kniebeugen!
SCHMIDT:	*(geht langsam in die Knie)* Aber ich . . .
DOKTOR:	Ein bißchen schneller bitte, damit Ihr Kreislauf in Schwung kommt!
	(Er zählt laut mit, während Herr Schmid ächzt und stöhnt:) 8, 9, 10! So, noch mal Ihren Arm bitte. *(Guckt wieder auf die Uhr.)* Na prächtig!
SCHMIDT:	*(läßt sich auf den Stuhl fallen)*
DOKTOR:	*(klopft ihm auf den Rücken)* Atmen – Luft anhalten! So, was haben wir denn für Beschwerden, hm?
SCHMIDT:	*(atmet geräuschvoll aus; leise und weinerlich)* Ich wollte nur Ihren Stromzähler ablesen.
	(Läßt sein Gesicht in die Hände sinken und atmet heftig weiter.)
DOKTOR:	*(nimmt die Brille ab, schüttelt verwundert den Kopf und stemmt die Hände in die Hüften)* Warum haben Sie das denn nicht gleich gesagt?

Im Restaurant

(für Kinder ab 8 Jahre)

Zeitdauer: pro Gast etwa 1–3 Minuten.

Mindestens **2 Personen:**   Ober, Gast.

Die allerseits bekannten »Oberwitze« eignen sich vorzüglich zum Spielen. Außerdem lassen sich mehrere dieser Witze gut miteinander kombinieren oder aneinanderreihen, je nachdem, wie lange gespielt werden soll und wie viele Personen mitspielen möchten. Der Ober bleibt die ganze Zeit hindurch der gleiche, nur der Gast wechselt mit jedem neuen Witz.

Man kann es so einrichten, daß am Anfang mehrere Tische und Stühle aufgestellt werden und bei Beginn des Stückes direkt alle mitspielenden Gäste an verschiedenen Tischen sitzen. Der Ober geht dann von Tisch zu Tisch.

Es kann aber auch in der Form gespielt werden, daß die Gäste erst während der Aufführung nacheinander hereinkommen, wenn sie an der Reihe sind.

Raumgestaltung und Requisiten:

Je mehr Oberwitze aneinandergereiht werden, desto mehr Tische und Stühle müssen aufgestellt werden (für jeden Gast 1 Tisch und mindestens 1 Stuhl). Ist der Raum sehr knapp, können auch nur 1–2 Tische aufgestellt werden. Dann muß jedoch jeder Gast sofort nach seinem Auftritt das Zimmer verlassen. Es geht weiter, wenn der nächste Gast hereinkommt und am gleichen Tisch Platz nimmt. Der Ober hat die Aufgabe, den Tisch jeweils zwischendurch wieder abzuräumen.

Der Tisch, möglichst mit einem Tischtuch bedeckt, sollte wie ein Tisch in einem Restaurant aussehen. Zum Beispiel könnte eine kleine Vase mit Blumen darauf stehen, außerdem Zucker, Salz, Pfeffer, Servietten, Besteck und ähnliches.

Der Ober braucht eine Speisekarte, die er jedem neuen Gast vorlegt. Die Requisiten zu den einzelnen Witzen sind jeweils kurz vorher angegeben, um die Zusammenstellung zu erleichtern.

* **Kostüme:** *

* Der *Ober* ist entweder sehr vornehm gekleidet, mit schwarzem An- *
* zug und Fliege, oder er trägt über seinen Sachen einen Kittel (am *
* besten weiß). Über seinem Arm hängt eine große Stoffserviette oder *
* ein Handtuch, mit dem er bei Bedarf den Tisch abwischt. *
* Die *Gäste* kleiden sich beliebig. *

* **Spielhinweise:** *
* Diese Sketche sind sehr einfach darzustellen. Der Ober ist höflich *
* und entgegenkommend. Immer, wenn ein Gast einen Wunsch hat, *
* verschwindet er aus dem Zimmer, um nach kurzer Zeit mit dem *
* Gewünschten wieder aufzutauchen. Am besten wird draußen vor *
* die Tür ein Tisch gestellt, auf den vorher alle benötigten Gegen- *
* stände griffbereit gelegt werden. *

* Der Gast ist in den meisten Fällen sehr wählerisch und unzufrieden, *
* was sich aber jeweils von selbst aus dem Spielverlauf ergibt. *
* *

* *

* * * * * * * * * **Spielverlauf** * * * * * * * * * *

Im folgenden sind nun einige Beispiele angeführt. Nach dem gleichen Muster lassen sich auch die meisten anderen Oberwitze aufführen.

-1-

Requisiten: Tablett, Tasse mit Untertasse und Teelöffel, kleiner Teller mit Brötchen, Eierbecher mit Ei, Eierlöffel und Messer

GAST: *(schnippt mit den Fingern)* Herr Ober, die Speisekarte bitte!

OBER: Bitte sehr, der Herr. *(Legt die Karte vor ihn auf den Tisch.)* Womit kann ich dienen?

GAST: *(schlägt die Karte auf)* Hm, bringen Sie mir zuerst eine Tasse Kaffee!

OBER:	Eine Tasse Kaffee, sofort.
	(Er dreht sich um und geht ein paar Schritte Richtung Tür.)
GAST:	Aber bitte – *(Ober dreht sich noch einmal um.)* – nicht zu heiß, nicht zu kalt, genau mittendrin! *(Ober nickt und verschwindet.)*
OBER:	*(taucht mit der Tasse Kaffee auf und serviert sie)* Bitte sehr, Ihre Tasse Kaffee. Ich hoffe, sie ist nicht mehr zu heiß. – Darf es sonst noch etwas sein?
GAST:	*(nippt an dem Kaffee und prustet)* Puh, dieses lauwarme Zeug kann ja kein Mensch mehr trinken! Hier, nehmen Sie sie wieder mit und bringen Sie mir ein Brötchen!
OBER:	*(nimmt kopfschüttelnd die Tasse Kaffee und wendet sich zum Gehen)* Ein Brötchen, sofort.
GAST:	Hören Sie! *(Ober seufzt hörbar und dreht sich um.)* Bitte nicht zu hell, nicht zu dunkel, sondern genau mittendrin!
OBER:	*(murmelt etwas Unverständliches und geht. Gleich darauf taucht er mit dem Brötchen wieder auf.)* Ihr Brötchen, bitte sehr! Ist es so recht?
GAST:	*(nimmt das Brötchen in die Hand, um hineinzubeißen, läßt es aber gleich wieder fallen)* Das ist ja noch warm! Soll ich mir etwa den Magen verderben? Lassen Sie es abkühlen, und bringen Sie mir noch ein Ei dazu!
OBER:	*(resigniert)* Ein Ei.
	(Bleibt abwartend stehen.)
GAST:	Ach ja, nicht zu weich, nicht zu hart, genau mittendrin!
OBER:	Wußte ich's doch!
GAST:	Wie bitte?
OBER:	Ach nichts! *(Er geht und serviert kurz darauf wortlos das Ei.)*
GAST:	*(schlägt es auf)* Das ist ja noch flüssig!
	(Er schmeißt es auf den Teller und springt auf.) Was ist das überhaupt für ein Lokal hier, wenn nicht einmal die einfachsten Wünsche der Gäste berücksichtigt werden?
OBER:	*(krempelt sich langsam die Ärmel hoch, geht drohend auf den Gast zu und schüttelt eine Faust)* Wie wäre es denn mit einem Veilchen?
	(Er geht schneller, der Gast weicht zurück.) Nicht zu blau, nicht zu gelb, genau mittendrin!
GAST:	*(flüchtet aus dem Zimmer, Ober hinterher)*

Requisiten: Kuchenteller mit Kuchengabel und einem Stück Tortenboden
ohne Früchte

OBER:	Guten Tag, gnädige Frau! Was darf es sein?
GAST:	Bringen Sie mir ein Stück Kirschkuchen.
OBER:	Sofort, sofort! *(Geht und erscheint wieder mit einem Teller, auf dem ein Stück Tortenboden ohne Früchte liegt. Er stellt diesen auf den Tisch.)*
GAST:	*(nimmt die Gabel, hält inne und schaut den Ober entsetzt an)* Aber, – aber sehen Sie doch! – Da sind ja gar keine Kirschen drauf!
OBER:	Aber sicher nicht, gnädige Frau. – Oder haben Sie schon einmal Hundekuchen mit Hunden darauf gesehen?

3

Requisiten: ein Teller Suppe und Besteck

GAST:	Garçon, Garçon!
OBER:	Bitte sehr, mein Herr?
GAST:	Ich hätte gern dasselbe wie der Herr dort am Nebentisch! *(Deutet auf die Suppe.)*
OBER:	*(räuspert sich, dreht verlegen das Handtuch zwischen den Händen, schaut auf die Suppe und flüstert)* Aber mein Herr, pardon, – ich glaube kaum, daß er sich das Essen wieder wegnehmen läßt!

Requisiten: 1 Teller mit Essen und Besteck

GAST:	*(entrüstet)* Herr Ober, also Herr Ober! Kommen Sie her, und sehen Sie sich das einmal an!
OBER:	Sofort, was gibt es denn?
GAST:	*(zeigt auf seinen Teller und schüttelt sich)* Ich habe eine Fliege im Essen!
OBER:	*(beugt sich zu ihm herunter und flüstert)* Pscht, nicht so laut, sonst wollen die anderen Gäste auch eine!

Requisiten: Glas, Teller und Besteck

GAST: Herr Ober, zahlen!

OBER: 21,50, mein Herr! *(Beginnt den Tisch abzuräumen.)*

OBER: Wie fanden Sie denn unser Schnitzel nach Art des Hauses?

GAST: Ich fand es zufällig unter den Kartoffeln, zwischen zwei Möhren!

GAST: Herr Ober, ich hätte gern einmal Forelle blau!

OBER: *(keucht und zieht dabei in hohen Tönen den Atem ein)* Iiihh, ihhh. Das haben wir nicht!

GAST: Hm, dann nehme ich eine Portion Spaghetti Bolognese!

OBER: Iiihh, Spa-iiihh, Spaghetti führen wir auch iihh nicht.

GAST: Na, dann bringen Sie mir einfach ein Wiener Schnitzel!

OBER: Iiihh, Wiener iihh, Wiener iihh, Wiener Schnitzel sind alle! Iiihh iihhh.

GAST: *(schaut ihn kritisch an)* Sagen Sie mal, haben Sie Asthma?

OBER: Ich ihh. Ich iiihh geh mal nachfragen! *(Entfernt sich.)*

Requisiten: Teller, Messer und Gabel

GAST: Herr Ober, Herr Ober, bei mir ist ein Sprung im Teller! *(Hält ihm den Teller hin.)*

OBER: Sie irren, mein Herr, das ist das Würstchen!

OBER: Womit kann ich dienen, Madame?

GAST: Sagen Sie, haben Sie Froschschenkel?

OBER: *(sieht an sich herunter)* Aber Madame, ich sehe immer so aus!

Die verkannte Diana

(für Kinder ab 12 Jahre)

Zeitdauer: 6–8 Minuten.

2 Personen: Herr Meier, Herr Huber.

Raumgestaltung und Requisiten:

Für diesen Sketch benötigt man 2 kleine Tischchen, auf denen je 1 Telefon steht. Neben beiden Tischen steht 1 Stuhl für die Darsteller. Die Tische sollten so weit auseinander aufgestellt werden, wie es die Größe des Raumes erlaubt. Dies soll verdeutlichen, daß beide Spieler an einem anderen Ort telefonieren und sich so gegenseitig nicht sehen können. Dieser Eindruck wird noch besser vermittelt, wenn auch eine optische Trennung zustande kommt. Dies kann durch eine Trennwand geschehen (spanische Wand, Wandschirm o. ä.), genausogut aber auch durch einen Schrank, der zwischen beiden Tischen aufgestellt wird.

Neben dem Telefon des Herrn Meier muß ein Telefonbuch liegen. Außerdem ist es hilfreich für beide Herren, wenn auf ihren Tischen noch etwas zum Schreiben liegt. So können sie sich während ihres Telefonats mit den Händen beschäftigen und müssen nicht so ruhig dasitzen. Auch Augenblicke der Überraschung können so durch plötzliches Innehalten oder Aufschauen besser dargestellt werden. Den gleichen Zweck würde eine Brille erfüllen, die ein Herr ständig auf- und absetzt oder damit spielt.

Schreibzeug und Brille sind für die Handlung nicht erforderlich. Sie erleichtern nur das Spiel für beide Darsteller.

Am Anfang des Sketches wird der Ton einer Telefonklingel benötigt, der auf Tonband aufgenommen oder durch eine Glocke ersetzt werden kann.

Kostüme:

Für diesen Sketch ist keine Verkleidung notwendig.

Spielhinweise:

Bei der Darstellung dieses Sketches kommt es vorwiegend auf die Mimik, also den ständig wechselnden Gesichtsausdruck der beiden Darsteller an. Da sie ruhig auf einem Stuhl sitzen und so nicht viel

```
*   durch Bewegung ausdrücken können, sollte die Mimik und Gestik  *
*   um so vielseitiger sein.                                        *
*   Es ist zu empfehlen, verschiedene Gesichtsausdrücke vorher vor  *
*   dem Spiegel zu proben.                                          *
*                                                                   *
*   *  *  *  *  *  *  *  *  *  *  *  *  *  *  *  *  *  *  *  *  *  *  *
```

* * * * * * * * *   **Spielverlauf**   * * * * * * * * * *

MEIER: *(geht zu seinem Telefon)* Ich glaube, ich werde mal die Ehevermittlung anrufen. Heute sollte sich doch entscheiden, ob sie die richtige Partnerin für mich haben. *(Blättert im Telefonbuch.)*

HUBER: *(setzt sich auf seinen Stuhl)* Bin ich froh, daß ich für Herrn Meier noch so eine schöne antike Statue gefunden habe. Der wird sich freuen, ich rufe ihn gleich an.
(Wählt.) Diana heißt sie! Was für ein Name für eine Statue.

MEIER: *(das Telefon klingelt)* Oh, das werden sie schon sein! *(Nimmt ab.)* Herr Meier!

HUBER: Guten Tag, Herr Meier, hier Huber! Ich rufe wegen der Diana an.

MEIER: Ah, welcher Zufall! Ich wollte Sie auch gerade anrufen. Haben Sie also doch etwas für mich gefunden?

HUBER: Ja, ich habe ein prachtvolles Stück für Sie!

MEIER: Stück ist gut, he he, wer ist es denn?

HUBER: Eine Diana!

MEIER: Ach ja, das sagten Sie ja schon. Ein hübscher Vorname, er gefällt mir. Und weiter?

HUBER: Eine Diana von Patelex!

MEIER: Von Pa- Pa, was? Von Patelex? – Ah, ich verstehe, das ist sicher schwäbischer Adel.

HUBER: Ob sie allerdings von Patelex selber stammt, das ist nicht ganz einwandfrei feststellbar.

MEIER:	Na hören Sie mal, das sind aber merkwürdige Familienverhältnisse!
HUBER:	Jedenfalls ist unsere Diana noch recht gut erhalten.
MEIER:	Das möchte ich mir auch ausgebeten haben.
HUBER:	An den Beinen stimmt es nicht so ganz.
MEIER:	Bitte? Wie bitte? Was?
HUBER:	Na ja, die üblichen Abnutzungserscheinungen.
MEIER:	Ach so, das fällt bei der Maximode gar nicht auf. Wie steht es denn mit den Moneten?
HUBER:	Ich verstehe Sie so schlecht!
MEIER:	Wie steht es mit dem Geld?
HUBER:	Nicht allzuviel. Ich schätze so 450 000!
MEIER:	Was? Das nennen Sie nicht allzuviel!!! Herr Huber, das ist ja eine nie wiederkehrende Gelegenheit! Wann und wo kann ich diese kostbare Diana sehen?
HUBER:	Leider erst in einigen Tagen. Ich muß ihr noch die Nase richten!
MEIER:	Die Nase? Vielleicht hat sie einen Unfall gehabt? Aber das wäre ja nicht das Schlimmste.
HUBER:	Ihre Entstehungszeit liegt kurz nach dem Trojanischen Krieg!
MEIER:	Ich verstehe, ein Nachkriegskind also. – Aber 450 000 sind ja auch etwas. Wie alt ist sie nun wirklich?
HUBER:	Tja, das kann ich nicht so genau sagen.
MEIER:	Dann sagen Sie es ungefähr!
HUBER:	Na, das weiß man nie so genau. Ich würde sagen, so – 65 bis 69 . . .
MEIER:	Waaas?
HUBER:	Tausend wollte ich sagen.
MEIER:	*(wütend)* Sie wollen mich wohl auf den Arm nehmen, was? Meinen Sie, ich lasse mir von Ihnen so eine Mumie andrehen? Das nennen Sie Vermittlung?
HUBER:	Aber hören Sie doch, ich glaube, sie machen sich falsche Vorstellungen!
MEIER:	Meine Vorstellungen liegen bei 25 Jahren! Alles andere interessiert mich nicht! – Vielleicht wenden Sie sich mit Ihren Vorschlägen an einen Altertumsforscher, mir langt's! *(Schmeißt den Hörer auf die Gabel und geht.)*

Zimmerbestellung

(für Kinder ab 13 Jahre)

Zeitdauer: 5–8 Minuten.

2 Personen: Herr Schmitz, Portier.

Raumgestaltung und Requisiten:

Bei diesem Telefonsketch werden 2 Tischchen mit je 1 Telefon darauf und 1 Stuhl daneben benötigt. Auf dem Tisch des Portiers muß noch ein Buch liegen, das Terminabsprachebuch.

Um die räumliche Trennung der beiden Herren zu demonstrieren, werden die Telefone, so weit es der Platz zuläßt, auseinandergezogen, und dazwischen wird eine Trennwand oder eine andere optische Trennung aufgestellt.

Herr Schmitz benötigt während seines Telefongesprächs noch ein Glas und eine Flasche, die mit einer beliebigen trinkbaren Flüssigkeit gefüllt ist und Schnaps darstellen soll. Diese beiden Dinge können entweder auf oder unter seinem Tisch stehen.

Kostüme:

Der *Portier* benötigt eine Art Uniformjacke. Sollte diese nicht vorhanden sein, werden auf eine normale Jacke Streifen oder Abzeichen genäht. Außerdem könnten die Knöpfe mit Gold- oder Silberpapier umwickelt werden.

Herr Schmitz benötigt kein Kostüm.

Spielhinweise:

Es ist wichtig, daß der Portier nicht fließend deutsch spricht. Dadurch werden für den Zuschauer die Mißverständnisse zwischen ihm und Herrn Schmitz verständlich.

Dieses »Nichtverstehen« sollte sich auch im Gesicht des Portiers widerspiegeln. Am besten wird dieser Gesichtsausdruck vorher vor dem Spiegel ausprobiert.

Herr Schmitz dagegen muß versuchen, seine wachsende Verzweiflung zu spielen. Er kann aufstehen, sich wieder hinsetzen, sich die Haare raufen, mit den Fingern auf den Tisch trommeln, den Kopf schütteln, sich vor die Stirne schlagen oder zwischendurch einen Schnaps trinken.

* Ebenso stark sollte seine Erleichterung in dem Moment zum Ausdruck kommen, wenn er hört, ein Zimmer sei frei. Aufatmend lehnt
er sich zurück, um im nächsten Moment, beim letzten Satz des Portiers, wie von einer Nadel gestochen wieder aufzuspringen.

* *

* * * * * * * * * **Spielverlauf** * * * * * * * * *

SCHMITZ:	Hallo, ist da der Portier? Hier ist Schmitz, Zimmer 19.
PORTIER:	Ja, hier Portier, am Apparat!
SCHMITZ:	Ich fliege morgen nach Paris. Reservieren Sie mir doch bitte dort ein Zimmer mit Bad.
PORTIER:	Bitte warten, ich werden nachschauen. *(Er blättert in seinem Buch.)* Es tun mir leid. Wir haben keine Zimmer frei. Bitte Sie versuchen nächste Woche! *(Legt auf.)*
SCHMITZ:	*(wählt neu)* Hier ist Schmitz noch einmal, Zimmer 19! Sie haben mich eben falsch verstanden. Ich brauche ein Zimmer in Paris, nicht hier in London!
PORTIER:	Oh, sie rufen extra an aus Paris? Das tun mir leid, aber wirklich ist kein Zimmer frei.
SCHMITZ:	Nein, ich bin nicht in Paris, ich bin hier in London! Ich möchte nur ein Zimmer in Paris.
PORTIER:	Sehr wohl, Herr. Aber dieses Hotel sein nicht in Paris, hier ist London.
SCHMITZ:	Das weiß ich, ich wohne doch hier.
PORTIER:	Hier bei uns?
SCHMITZ:	Jaa, Zimmer 19!!
PORTIER:	Oh, Sie nicht zufrieden?
SCHMITZ:	Doch, aber ich muß morgen geschäftlich nach Paris fliegen.

PORTIER:	Ich soll Gepäck holen?
SCHMITZ:	Ja, morgen!
PORTIER:	Sehr wohl, gute Nacht! *(Legt auf.)*
SCHMITZ:	*(trinkt erst einen Schnaps und wählt dann neu)* Hier ist noch einmal Schmitz. Ach bitte, reservieren Sie mir doch nur ein Zimmer mit Bad.
PORTIER:	Moment *(blättert in seinem Buch)*, ist leider alles belegt.
SCHMITZ:	Ich will kein Zimmer in diesem Hotel!!! Ich habe schon eins, Zimmer 19!!
PORTIER:	Nr. 19 *(blättert in seinem Buch)* – ist leider besetzt.
SCHMITZ:	Ja, von mir! Zum Donnerwetter, und morgen wird es frei!
PORTIER:	Sie wollen anderes Zimmer?
SCHMITZ:	Nein (ganz langsam), ich ziehe morgen hier aus und möchte dann ein Zimmer in Paris!
PORTIER:	Für morgen?
SCHMITZ:	Ja.
PORTIER:	Sie warten, ich nachschauen. *(Blättert in seinem Buch.)* Mit Bad?
SCHMITZ:	Ja.
PORTIER:	Sie Glück haben, Herr! Ich habe morgen ein Zimmer für Sie!
SCHMITZ:	*(aufatmend)* Na, Gott sei Dank!
PORTIER:	Zimmer 19 wird morgen frei werden!

Ehevermittlung

(für Kinder und Jugendliche zwischen 12 und 18 Jahren)

Zeitdauer: 5–8 Minuten.

2 Personen: Frau Lutz, Herr Pohl (Heiratsvermittler).

Raumgestaltung und Requisiten:

Im Raum steht 1 Tisch, der den Schreibtisch darstellt, sowie davor und dahinter je 1 Stuhl. Auf dem Tisch liegen verschiedene Aktenordner, Schreibzeug und nach Belieben Fotos und ein Telefon. Frau Lutz benötigt eine Tasche, in der sich mehrere beschriebene Schreibmaschinenseiten befinden. Außerdem einen Taschenspiegel und einen Kamm. Mehr ist zur Aufführung dieses Sketches nicht notwendig.

Kostüme:

Beide Personen benötigen keine Verkleidung. Es ist lediglich darauf zu achten, daß Herr Pohl als Heiratsvermittler einen sehr gepflegten Eindruck macht. Er soll ein seriöses Institut vertreten und muß sich dementsprechend kleiden und benehmen.

Spielhinweise:

Die Darsteller können beide ruhig etwas übertrieben spielen. Frau Lutz verkörpert die anspruchsvolle, nie zufriedene, immer nörgelnde Frau, die dabei aber sehr von sich eingenommen ist und alle Rechte selbstverständlich für sich in Anspruch nimmt. Sie gibt sich sehr vornehm. Ihre Sprache ist langsam und konzentriert, vielleicht etwas näselnd. Oft sucht sie nach passenden Ausdrücken und macht dann längere Sprechpausen.

Ihr Benehmen ist etwas affektiert. Immer wieder rutscht sie in Positur, prüft, ob ihre Frisur noch sitzt, oder spielt mit ihrer Tasche. Herr Pohl dagegen ist der seriöse Mann, der möglichst alle Kunden zufriedenstellen will. Er ist äußerst korrekt, höflich und geduldig. Diese Geduld wird jedoch auf eine schwere Probe gestellt, und er reagiert zunehmend gereizter und manchmal sogar unhöflich. Der Zuschauer muß jedoch spüren, daß er sich immer wieder zusammennimmt und versucht, freundlich zu bleiben. Trotzdem gerät seine

* Stimme manchmal außer Kontrolle, doch erst ganz zum Schluß darf *
* er seiner Wut freien Lauf lassen, die sich dann im letzten Satz ent- *
* lädt. *
* *
* *

* * * * * * * * * **Spielverlauf** * * * * * * * * *

Herr Pohl sitzt hinter seinem Schreibtisch und blättert in den Akten. Frau Lutz klopft an und kommt herein.

LUTZ: Guten Tag. Lutz ist mein Name. Gabriela Lutz. Ich war angemeldet.

POHL: Ach ja, Frau Lutz, guten Tag. *(Schüttelt ihr die Hand.)* Nehmen Sie doch Platz. *(Er deutet auf den anderen Stuhl, sie setzt sich.)*
Also, Sie suchen einen Partner fürs Leben?

LUTZ: Ja, wissen Sie, ich lebe nun schon seit 43 Jahren alleine, und ich glaube, mein Leben würde reicher und erfüllter, wenn ich den richtigen Partner finden würde.

POHL: Ja, ja, der richtige soll's natürlich sein. Da sind Sie bei uns an der richtigen Adresse. Wir sind ja dazu da, um Ihnen zu helfen. – Haben Sie das Formular schon ausgefüllt?

LUTZ: Ach ja, sicher.
(Sie holt einige Blätter aus der Tasche und reicht sie ihm.)
Bitte schön.

POHL: Entschuldigen Sie mich bitte einen Moment. Ich werfe nur schnell einen Blick hinein. *(Er liest in den Blättern.)*

LUTZ: *(kämmt sich und schaut in ihren Taschenspiegel)*
Ach, wäre das schön, wenn ich den Traummann fände!

POHL: *(legt die Blätter nieder)* Ich muß schon sagen – nach dem, was ich hier lese, sind Sie aber sehr anspruchsvoll.

LUTZ: Anspruchsvoll, wieso? Wenn ich mich in meinem Alter und mit meiner Erfahrung dazu entschließe, einen Mann zu ehelichen, dann glauben Sie doch wohl nicht, daß ich irgendeinen nehme?

POHL: Das nicht, aber liebe gnädige Frau . . .

LUTZ:	Zum Beispiel ein Trinker kommt von vorneherein nicht in Frage. Ich will mir schließlich keine Last aufbürden, sondern eher selbst etwas verwöhnt werden. Sie verstehen? Was mir fehlt, ist Geborgenheit, etwas Schutz . . .
POHL:	Nein, gnädige Frau, das muten wir Ihnen ja auch gar nicht zu. Aber sehen Sie, jeder Mensch hat nun mal seine kleinen Schwächen.
LUTZ:	Dann möchte ich einen Mann mit möglichst wenig Schwächen!
POHL:	*(seufzt)* Wir werden unser Bestes tun. *(Er sieht sich die Blätter nochmals an.)* Nicht älter als 40?
LUTZ:	Erlauben Sie, was soll ich denn mit einem Tattergreis? Wer soll mich denn pflegen, wenn ich nicht mehr so richtig kann? Ein älterer Mann? – Das fehlt mir noch! Nein, nein, kommt nicht in Frage!
POHL:	Also, da hätten wir einen Schlossermeister aus Köln. 39 Jahre alt . . .
LUTZ:	Ach wissen Sie, an einen Arbeiter hatte ich eigentlich nicht gedacht. Ich möchte mich schließlich auch mit meinem Mann unterhalten können. – Der Geist, ja, der ist mir sehr wichtig. Und dann die Rente . . .
POHL:	*(räuspert sich und nimmt einen neuen Ordner)* Wie wäre es denn mit einem Professor? 40 Jahre alt, geschieden. Hier ist sein Bild. *(Reicht ihr den Ordner.)*
LUTZ:	*(verzieht das Gesicht)* Professor ist ja schon ganz gut, aber sieht der nicht sehr mickrig aus? Ist der auch ganz gesund? Am Ende ist er sogar kleiner als ich! Und dann geschieden! Ich bin streng katholisch erzogen und . . .
POHL:	Schon gut. Also der Professor auch nicht. Wenn Sie solchen Wert auf Gesundheit legen, empfehle ich Ihnen Herrn Lorenz. Ein Sportler, durchtrainiert, ein Bild von einem Mann. Sehen Sie selber! *(Reicht ihr den Ordner.)*
LUTZ:	Oh, der sieht aber wirklich gut aus! Aber als Ehemann? Ich meine, ich denke, meistens sind so schöne Männer nicht treu. Eigentlich können sie ja gar nicht treu sein, wenn ihnen die Frauen so hinterherlaufen. Und auf Treue lege ich absoluten Wert! Ich könnte es nicht ertragen . . . Also meine Freundin kennt eine Frau, die . . .

POHL:	Ja, ja, nicht zu schön, nicht zu häßlich, nicht zu jung, nicht zu alt, nicht unsittlich, aber reich!
LUTZ:	Hören Sie, Sie werden doch wohl noch einen ganz normalen netten Mann finden, der für mich in Frage kommt?
POHL:	Normal??? Normal sagen Sie? Oh, da fällt mir etwas ein! *(Er wühlt in seinen Akten.)* Hier, Herr Meier! Der wird Ihnen bestimmt zusagen! 38 Jahre, Realschullehrer, nicht geschieden, nicht zu klein, nicht zu schön. Bitte sehr, hier ist seine Beschreibung! *(Reicht ihr den Ordner.)*
LUTZ:	Das hört sich gut an. Warum haben Sie den nicht gleich genannt? *(Liest und murmelt dabei.)* Ausgezeichnet! – Ja, ja. – Vortrefflich!
POHL:	*(atmet hörbar auf und faltet die Hände)*
LUTZ:	*(stößt plötzlich einen spitzen Schrei aus und schmeißt den Ordner auf den Tisch)*
POHL:	Was haben Sie? Ist Ihnen nicht gut?
LUTZ:	*(deutet auf das Papier)* Der Mann ist ja Raucher! Das hätten Sie aber gleich sagen müssen. Soll ich ewig diesen Gestank in der Wohnung haben? Gelbe Gardinen, volle Aschenbecher, Brandlöcher? – Nein, das ertrage ich nicht! Und ich atme das Zeug ja auch ein! Soll ich an Lungenkrebs sterben? – Und wenn ich es mir recht überlege, Meier, welch ein Name! Soll ich so heißen?
POHL:	*(springt auf, stützt sich auf seinen Schreibtisch und beugt sich weit vor; spricht drohend, leise)* Ich gebe Ihnen einen guten Rat. Gehen Sie in den Stadtwald. *(Schreit.)* Gehen Sie sofort! *(Zeigt zur Tür.)* Am Brunnen steht ein Mann, der mit Sicherheit Ihren Anforderungen entspricht! *(Läßt sich wieder auf seinen Stuhl fallen.)*
LUTZ:	Warum sind Sie denn so seltsam? Warum diese Geheimnisse? Was steckt dahinter? *(Sie packt zusammen und steht auf.)* Ist dieser Mann auch aus Ihrer Auswahl?
POHL:	Nein, – aus Bronze!

Auf hoher See

(für Kinder ab 8 Jahre)

Zeitdauer: 5 Minuten.

2 Personen: Maat, Kapitän (Person aus dem Publikum).

Raumgestaltung und Requisiten:

Für diesen Sketch ist 1 Stuhl erforderlich, der am besten in der Mitte des Raumes, z. B. mitten in einem Stuhlkreis, stehen sollte. Auf jeden Fall so, daß man ihn von allen Seiten gut sehen kann, da das Hauptgeschehen sich auf diesem Stuhl abspielt. Weiter sind nötig: eine wetterfeste Jacke (z. B. ein Regencape oder eine Öljacke) und ein Glas, das mit Wasser gefüllt ist.

Kostüme:

Der *Maat* kann einen geringelten Seemannspullover anziehen und einen Matrosenhut aufsetzen.

Der *Kapitän* braucht außer der Öljacke keine Verkleidung.

Spielhinweise:

Bei diesem Sketch ist darauf zu achten, daß man zum Schluß nur ein wenig Wasser in den Ärmel des Kapitäns kippt. Es soll ja ein lustiges Ende sein, und man will ja die Person, die den Kapitän spielt, nicht verärgern.

Ein Stuhl steht in der Mitte des Raumes.
Der Maat kommt herein und stellt sich daneben.

MAAT: Guten Tag, meine Damen und Herren.

Sehen Sie sich nur dieses herrliche Schiff an.

(Zeigt auf den Stuhl.) Stellen Sie sich nur vor, der Kapitän ist einfach nicht aufzutreiben! Und wir müssen unbedingt abfahren! Die Ladung muß pünktlich am Hafen sein.

Wäre nicht jemand von Ihnen so freundlich, unseren Kapitän zu vertreten?

(Sucht eine Person aus dem Zuschauerraum aus.) Setzen Sie sich bitte in das Schiff.

(Person setzt sich auf den Stuhl; das Regencape wird so über ihn und den Stuhl gestülpt, daß ein Ärmel als Sprechrohr benutzt werden kann.) So. Ich begebe mich nun auf den Ausguckmast. Egal, was ich Ihnen sage: Sie müssen immer entgegnen: Fahren Sie weiter!

Denken Sie daran. Was auch kommen mag! Die Ladung muß schließlich pünktlich im Hafen sein.

(Maat hält ausschauend die Hand über die Augen.) Die See ist ruhig und glatt!

KAPITÄN: *(ruft durch das Sprechrohr)* Fahren Sie weiter!

MAAT: *(ruft)* Die Wolken am Himmel werden grau!

KAPITÄN: Fahren Sie weiter!

MAAT: Die See wird rauh!

KAPITÄN: Fahren Sie weiter!

MAAT: Oh, Wind kommt auf und die Wellen werden höher!

KAPITÄN: Fahren Sie weiter!

MAAT: Windstärke 8, Herr Kapitän! Die Wellen werden immer höher!

KAPITÄN: Fahren Sie weiter!

MAAT: *(nimmt das Glas mit dem Wasser und tritt an das Sprechrohr heran)* Windstärke 11, oh, ein Sturm bricht los!

KAPITÄN: Fahren Sie weiter!

MAAT: *(schüttet das Wasser durch das Sprechrohr)*

Malermeister Klecksel

(für Kinder ab 10 Jahre)

Zeitdauer: 10 Minuten.

Etwa 14 Personen: Maler und etwa 13 Personen aus dem Publikum

Raumgestaltung und Requisiten:

Für den Raum ist keine besondere Gestaltung notwendig. Für einige »Bilder« benötigt man einen Stuhl.

Als Requisiten benötigt man eine Kerze, ein Butterbrot und einen Regenschirm.

Der Maler kann eine große Bildermappe (ohne Inhalt) unter dem Arm tragen und einen oder mehrere Pinsel in der Hand halten.

Er kann auch eine Staffelei mitbringen (z. B. einen aufklappbaren Notenständer).

Kostüme:

Der *Maler* kann als Kittel ein altes Oberhemd (möglichst weiß), das ruhig zu weit sein darf, anziehen.

Man kann den Kittel mit Wasserfarben bespritzen, damit er gebraucht aussieht. Mit ein paar Klecksen kann der Maler auch noch sein Gesicht zieren.

Ein lustiger Hut würde noch gut dazu passen, ist aber nicht unbedingt notwendig.

Die Personen aus dem Publikum brauchen keine Verkleidung.

Spielhinweise:

Der Maler soll einen etwas zerstreuten Eindruck machen. Falls er die Leute aus dem Publikum kennt, sollte er sich schon vorher überlegen, welche Personen für welchen Sketch am besten geeignet sind (z. B. bei »das dicke Ende kommt zuletzt« eine besonders korpulente Person auswählen. . .).

(Der Maler kommt herein und stellt sich so in den Raum, daß er von allen Anwesenden gesehen werden kann.)

MALER: *(verbeugt sich leicht zur Begrüßung)*
Guten Tag! Ich bin der Malermeister Klecksel.
(Sieht sich verwundert die Leute an.)
Nanu. Wo bin ich denn hier hingeraten? Ich sollte doch meine Bildergalerie ausstellen. Bin ich denn hier richtig?
(Reaktion der Leute abwarten. Wenn sie bejahen, weitermachen wie folgt. Ansonsten sagt er, daß er, da er nun schon einmal hier sei, die Bilder trotzdem zeigen möchte.)
Na. Dann will ich mal meine Bilder auspacken.
(Schaut verstört und suchend umher.)
Nanu, wo hab' ich sie nur? *(Guckt in seine leere Mappe.)*
Na, da hab' ich doch glatt meine Bilder vergessen! Na, so was!
(Schaut ratlos und traurig in das Publikum, überlegt, lächelt plötzlich.)

Ah! Ich hab' eine prächtige Idee! Ich werde meine Bilder einfach mit lebenden Motiven darstellen!
(Zeigt auf ein Mädchen oder eine Dame im Publikum.)
Sie sehen so aus, als würden Sie mir helfen. Würden Sie bitte einmal zu mir kommen?
(Stellt einen Stuhl neben sich.)

So! Steigen Sie doch bitte einmal auf diesen Stuhl. Strecken Sie einen Arm geradeaus, und halten Sie bitte diese Kerze fest.
(Die Requisiten liegen auf oder unter einem Nebentisch bereit.)

Meine sehr verehrten Damen und Herren, dieses Bild hat den Titel »Der Armleuchter«.
(Frau geht wieder.)
Nun bitte ich ein Pärchen zu mir. Ah, ja, Sie da hinten. Sie sehen so aus, als könnte Ihr Glück kein Wässerchen trüben!

Mein Herr, helfen Sie Ihrer Herzensdame doch bitte auf diesen Stuhl hier. Ja, Madame, stellen Sie sich bitte drauf

und halten Sie die Hand Ihres Liebsten ganz fest. – Und nun sehen Sie sich an. Ganz verliebt. Och, noch ein kleines bißchen verliebter, bitte! Ihr Blick muß Funken sprühen, meine Dame! Und Sie mein Herr, halten Sie den Kopf bitte ein wenig schräg. Ja! So ist's wunderbar! Und jetzt lächeln Sie Ihre Dame an! . . . Und schön festhalten!
(An das Publikum gewandt.)

Diesem Bild habe ich den Titel gegeben »Er läßt seinen Drachen steigen«. *(Gehen wieder.)*

So. Sie machen das ja wunderbar! Nun bitte ich die Dame in Blau hier vorne zu mir. Ja, Sie. – Steigen Sie doch bitte auch mal auf den Stuhl. Haben Sie eigentlich Phantasie? Ja? Dann stellen Sie sich doch bitte vor, daß es regnet. Hier habe ich auch sogar einen Regenschirm für Sie. Spannen Sie ihn doch bitte auf, und halten Sie ihn über sich. So werden Sie auch nicht naß.

(Zum Publikum.) Dieses Bild hat den Titel »Das überspannte Frauenzimmer«.
(Geht ab.)

Für mein nächstes Bild brauche ich mehrere Personen.
(Sucht 5–10 Leute aus, die sich alle hintereinander stellen sollen, die Hände auf den Schultern des Vordermanns.)

So ist's gut. Und nun gehen Sie bitte im Gleichschritt im Kreis herum. *(Der Maler muß darauf achten, daß der Dickste als Letzter geht!)*

Meine Damen und Herren, dieses Bild heißt »Das dicke Ende kommt zuletzt«!

Bleiben Sie bitte so stehen, meine Herrschaften. Gehen Sie noch nicht weg.

(Läßt die Leute so stehen, nimmt nur eine andere Person aus der Mitte und stellt sie an den Schluß; sie bekommt ein Butterbrot in die Hand, in das sie hineinbeißen soll.)

Lassen Sie sich nun bitte los, und marschieren Sie hintereinander her. Sie haben einen langen Marsch vor sich. Sie müssen sich beeilen! Die Zeit drängt!

(Zum Publikum.) Dieses Bild trägt den Namen »Die Letzte frißt«!

*(Leute gehen wieder, der Maler packt seine Requisiten zu-
sammen.)*
Vielen Dank, meine Herrschaften. Besser hätte ich die
Bilder auch nicht malen können! Auf Wiedersehen.
(Geht ab.)

Bitte um eine weiße Schlange

(für Kinder zwischen 6 und 12 Jahren)

Zeitdauer: 10–15 Minuten.

4–10 Personen: Vorbeter und 3 oder mehrere Personen aus dem Publikum.

Raumgestaltung und Requisiten:

Es wird nur soviel Platz benötigt, daß man eine große Decke auf dem Fußboden ausbreiten kann. Rundherum sollte man noch gehen können. Die Decke ist das einzige, was man für diesen Sketch braucht.

Kostüme:

Der *Vorbeter* soll einen Moslem darstellen, welcher Allah in seinen Gebeten anruft. Dementsprechend könnte er ein schulter- bis hüftlanges Tuch über seinen Kopf legen, so daß es nach hinten herunterhängt. Zur Befestigung am Kopf dient ein Gummiband oder eine gedrehte Kordel.

Weitere Kostüme sind nicht nötig, da die Zuschauer spontan während des Sketches aufstehen und mitspielen.

Spielhinweise:

Dieser Sketch hat nur wenig Text. Es kommt darauf an, daß der Vorbeter es versteht, die Zuschauer neugierig zu machen und zum Mitspielen zu animieren. Sie dürfen vorher nicht ahnen, daß zum Schluß über sie gelacht werden könnte. Am besten erscheint der Vorbeter ganz arglos, als ob er sich wirklich von der Mithilfe der Zuschauer etwas verspräche. Auch zum Schluß, beim Zählen der »Kamele«, sollte er nicht schadenfroh, sondern glücklich über diesen »Zuwachs« aussehen.

VORBETER: *(kommt herein, trägt eine zusammengerollte Decke unter dem Arm und bleibt vor den Zuschauern stehen)*
Guten Tag. Ich bin Ben Arab, Sohn des Musuleikon. Heute bin ich an diesen heiligen Ort gepilgert, weil ich Allah um eine weiße Schlange bitten möchte.

Hoffentlich schenkt er mir eine weiße Schlange, denn sie bringt Glück! *(Er breitet die Decke auf dem Boden aus, kniet sich darauf, streckt die Arme nach vorne und berührt so mit den Händen und dem Kopf den Boden, verbeugt sich, nachdem er sich gedreht hat, in die entgegengesetzte Richtung.)*

So, jetzt ist Allah hoffentlich gnädig gestimmt.

(Er hebt die Arme geschlossen über den Kopf, schließt die Augen und konzentriert sich, beugt sich dann bei jedem der folgenden Sätze so weit nach vorne, daß der Kopf den Boden berührt.) Allah, schenke mir eine weiße Schlange! *(Lauter werdend.)*

Allah, schenke mir eine weiße Schlange! – Allah, schenke mir eine weiße Schlange! *(Er öffnet die Augen, läßt ratlos die Arme sinken, zuckt die Schultern, überlegt, plötzlich erhellt sich seine Miene wieder. Er steht auf und spricht zu den Zuschauern.)*

Vielleicht erhört Allah meine Bitte, wenn mir noch jemand beim Beten hilft? Möchte mir vielleicht jemand von euch helfen? *(Blickt in die Menge.)*

Bitte! Es ist doch ganz einfach – und ich wünsche mir doch so sehr eine weiße Schlange! Soll ich den ganzen weiten Weg umsonst gemacht haben? – Ah, da kommt ja schon jemand. Vielen Dank! Knie dich bitte neben mich und bete mit mir!

(Beide knien nebeneinander auf der Decke und beten dreimal nach dem gleichen Ritual, wie beim ersten Mal.)

VORBETER: *(öffnet die Augen)*
Hat Allah uns jetzt eine weiße Schlange geschenkt? *(Guckt sich um.)*
Nein, noch immer keine weiße Schlange! Wir sind sicher

noch immer zu wenig. Allah sieht uns nicht. *(Er steht wieder auf und wendet sich an die Zuschauer.)*
Können noch 2 oder 3 von euch zu uns kommen und mithelfen?

(Er wählt noch 3 Personen aus und vollzieht mit ihnen wieder das gleiche Ritual, öffnet die Augen, schaut sich um, ist erst ganz enttäuscht und sagt fast weinerlich:)
Allah hat mir keine weiße Schlange geschenkt –
(Plötzlich aber richtet er sich auf, lacht über das ganze Gesicht und deutet nacheinander, zählend auf seine Helfer:)
– aber 1 – 2 – 3 – 4 Kamele!

```
* * * * * * * * * * * * * * * * * * * * * * * *
*                                              *
*                                              *
*              Kaufladen                       *
*           (für Kinder ab 8 Jahre)            *
*                                              *
*                                              *
* Zeitdauer:          5 Minuten.               *
* 2 Personen:         Käufer, Verkäufer.       *
* Raumgestaltung                               *
* und Requisiten:     Einen Tisch oder ein paar zusammengestellte *
*                     Stühle als Ladentheke.   *
* Kostüme:                                      *
* Der Verkäufer trägt einen Kittel oder ein altes Oberhemd. *
* Der Käufer benötigt keine besondere Verkleidung. Eventuell kann *
* er einen Einkaufskorb oder eine Tüte in der Hand halten. *
* Spielhinweise:                               *
* Für diesen Sketch gilt der Ausspruch: »In der Kürze liegt die *
* Würze«.                                      *
* Man sollte nicht zu viel machen, was nicht unmittelbar zur Handlung *
* gehört, da sonst die Aufmerksamkeit der Zuhörer abgelenkt wird. *
* Das Öffnen und Schließen der Ladentür kann auch ohne eine rich- *
* tige Tür dargestellt werden, falls die Tür des vorhandenen Raumes *
* vom Spielgeschehen zu weit entfernt ist.     *
*                                              *
* * * * * * * * * * * * * * * * * * * * * * * *
```

* * * * * * * * *   **Spielverlauf**   * * * * * * * * * *

(Person A und Person B betreten die Spielfläche. Jeder von einer anderen Seite. Sie kommen sich in der Mitte entgegen.)

PERSON A: Hallo! Bert – altes Haus! Wie geht's denn so?

PERSON B: Hallo, Axel. Danke, danke. Ganz gut.

PERSON A: Was hast du denn gerade vor? Wir haben uns ja ewig nicht
              mehr gesehen.

PERSON B:	Och, ich weiß nicht so recht, was ich unternehmen soll. Zu nichts hab' ich Lust. Weder zu Kino noch zum Pferderennen oder Fußball . . . *(Macht ein betrübtes Gesicht.)* Ich weiß manchmal einfach nicht, was ich mit meiner freien Zeit am Wochenende anfangen soll . . .
PERSON A:	Weißt du was, Bert? Ich hab' im Moment auch nichts besonderes vor. Wir spielen jetzt einfach mal was. Au ja! *(Schlägt begeistert die Hände zusammen.)* Das wird bestimmt lustig. Komm, wir spielen jetzt einfach mal Kaufladen.
PERSON B:	*(macht ein skeptisches Gesicht)*
PERSON A:	*(knufft ihn in die Seite)* Komm. Du bist der Käufer, und ich bin der Verkäufer! Los. Wir fangen an. *(Zieht sich den Kittel über und begibt sich hinter die Ladentheke.)*
PERSON B:	*(zuckt resigniert die Schultern)* Na gut. *(Öffnet die Ladentür.)* Ding – Dong! *(Tritt ein und zieht die Tür wieder hinter sich zu.)* Guten Tag.
PERSON A:	Guten Tag, mein Herr. Was darf's denn sein?
PERSON B:	Ich hätte gerne zwei Flaschen Pommes frites.
PERSON A:	Ach Quatsch. *So* geht das doch nicht! *(Kommt hinter der Theke hervor.)* Ich zeig' dir das mal. *(Zieht seinen Kittel aus.)* Jetzt bin *ich* mal der Käufer *(reicht dem anderen seinen Kittel, der ihn anzieht)*, und *du* bist der Verkäufer. *(Sie wechseln den Standort.)*
PERSON A:	*(macht die Tür auf und zu)* Ding – Dong! Einen recht schönen guten Tag!
PERSON B:	Guten Tag, mein Herr. Was darf ich Ihnen geben?
PERSON A:	Ich hätte gerne zwei Portionen Pommes frites.
PERSON B:	Ja, gerne. – Haben Sie denn die Flaschen dabei?

Tünnes und Schäl

(für Kinder ab 8 Jahre)

Zeitdauer: 3 Minuten.

2 Personen: Tünnes, Schäl.

Raumgestaltung und Requisiten:

Als Boot kann man entweder einen Tisch umdrehen oder auch 2 Stühle hintereinanderstellen. 2 Besen oder auch nur Besenstiele können als Ruder dienen.

Kostüme:

Tünnes und Schäl benötigen beide keine besondere Kostümierung. Sie können aber, wenn sie wollen, lustige Sachen anziehen, wie z. B. Kleidungsstücke, die farblich nicht zusammenpassen, viel zu groß oder zu eng sind, ausgelatschte Schuhe, einen zerknitterten Hut . . ., je nachdem, was vorhanden ist.

Spielhinweise:

Es wirkt lustiger, wenn einer von beiden größer und dünner, der andere kleiner und dicker ist, was dadurch erreicht werden kann, daß ein Spieler sich z. B. Kissen oder Kleidungsstücke unter den Pullover oder die Hose stopft.

Es ist wichtig, daß die Zuschauer sehen, wie sehr Schäl sich beim Rudern anstrengt! Er sollte also große, schnelle Bewegungen machen und dem Publikum demonstrieren, daß er wirklich ins Schwitzen gekommen ist (sich z. B. immer wieder mit dem Handrücken den Schweiß von der Stirn wischen, heftig atmen, stöhnen und prusten . . .).

(Tünnes und Schäl betreten beide von der entgegengesetzten Seite das Spielfeld. Sie kommen sich entgegen.)

TÜNNES: Hallo, Schäl!

SCHÄL: Hallo, Tünnes!

(Schütteln sich die Hände.)

TÜNNES: Na, altes Haus! Schön, dich wieder mal zu sehn.

SCHÄL: *(betrachtet ihn kritisch und stumm von allen Seiten)*

TÜNNES: Was ist denn los? Was guckst du mich so an?

SCHÄL: Na, du bist aber auch nicht grad schöner geworden, seit dem letzten Mal.

TÜNNES: *(entrüstet)* Na, erlaube mal! Nicht schöner geworden . . .!
(Er senkt die Augen verschämt zu Boden, verschränkt die Hände ineinander – die Arme sind gerade, die Ellbogen nach außen – und wippt mit steifen Beinen von einem Fuß auf den anderen; mit leiser, beleidigter Stimme:)
Nicht schöner geworden . . . *(lauter)*, sieh dich doch nur mal an! Du bist so dick wie eh und jeh!

SCHÄL: *(stolz)* Ja, Tünnes. Da haste schon recht. Aber das, was früher Fett war – das sind jetzt alles Muskeln!
(Er hebt angewinkelt seinen rechten Arm, um seine Muskeln zu demonstrieren.)

TÜNNES: Muskeln? *(Er lacht und lacht, prustet los, krümmt sich vor Lachen, hält sich den Bauch vor Lachen, wischt sich die Tränen aus den Augenwinkeln, lacht und lacht und hört gar nicht mehr auf.)*

SCHÄL: *(beleidigt)* Da kannste ruhig lachen, Jung. Es ist wahr! Ich tendiere seit einem halben Jahr bei einer Bootsmannschaft!

TÜNNES: *(bricht sein Lachen ab; erstaunt)* Waaas machst du?

SCHÄL: Ich tendiere in einer Bootsmannschaft. Ich bin jetzt 'ne ordentliche Sportskanone!

TÜNNES: Du tendierst? *(Lacht wieder.)* Du meinst wohl: Du trainierst?! *(lacht)* Du – und trainieren . . . Wer's glaubt, wird selig.

SCHÄL: Du glaubst mir nicht? *(Zieht ihn am Arm mit sich fort.)* Komm mit. Ich werd's dir beweisen. *(Sie stehen vor dem Boot.)*

Das ist mein Boot. Steig ein. *(Beide steigen ein.)*
So, setz du dich ans Steuer. Ich werde dir nun zeigen, wie
ich rudern kann! Wir werden ein Stück den Rhein hinun-
terrudern. Bis nach Köln. *(Er ergreift die Ruder und rudert
los.)*

TÜNNES: *(hat sich's gemütlich gemacht.)* Na, da bin ich aber mal
gespannt.

SCHÄL: *(rudert und rudert; ganz schnell; wischt sich immer wieder
den Schweiß von der Stirn)*

TÜNNES: *(pfeift vergnügt und sieht sich die Gegend an)*

SCHÄL: *(rudert wie verrückt, immer schneller; prustet und stöhnt
vor Anstrengung)* Na – *(keucht)* jetzt – müßten wir aber –
bald – in Köln – sein.
(Rudert weiter.)

TÜNNES: *(pfeift und trommelt mit den Fingern den Takt dazu)*

SCHÄL: *(rudert verbissen weiter)*

TÜNNES: *(gähnt herzhaft; reckt und streckt sich)*

SCHÄL: *(läßt kraftlos die Ruder sinken; dreht sich zu Tünnes um)*
Sind wir denn immer noch nicht in Köln?

TÜNNES: *(sieht ihn unschuldig an und meint gelangweilt)* Nee, mußt
ja erst mal losbinden . . .

Vergiftete Pilze

(für Kinder zwischen 10 und 12 Jahren)

Zeitdauer: 5 Minuten.

4–6 Personen: Gastgeber, seine Frau, Dienstmädchen, Gäste.

Raumgestaltung und Requisiten:

Eine »Tafel« *(mehrere zusammengerückte Tische)*, an der die Gäste später Platz nehmen und speisen. Mehrere Stühle, die um die Tafel herumstehen. Die Tische sind mit Tellern, Löffeln, Gläsern, Servietten, Kerzen – und was sonst noch zu einem feierlichen Essen gehört – gedeckt.

Kostüme:

Der *Gastgeber und seine Frau* sollten ebenso wie die Gäste festlich gekleidet sein.

Das *Dienstmädchen* sollte dunkle Sachen tragen, wie z. B. einen schwarzen Pullover und einen schwarzen Rock. Darüber eine weiße Schürze. (Die kann man auch selbst herstellen. Entweder aus Stoffresten oder aus weißem Kreppapier. Auch das Material einer Küchenrolle ist verwendbar.)

Spielhinweise:

Die Spannung bei diesem Sketch liegt darin, daß die Zuschauer merken, daß das Dienstmädchen noch etwas zu dem Ausruf: »Der Hund ist tot!« hinzufügen will. Sie wissen aber bis zum Schluß nicht, was sie sagen wollte. Es kommt hier also hauptsächlich darauf an, wie das Dienstmädchen ihre Rolle spielt. Außerdem darf auch kein »Leerlauf« entstehen. Sie muß von den anderen Mitspielern immer wieder durch Fragen und Ausrufe unterbrochen werden.

(Der Gastgeber und die Gastgeberin nehmen die letzten Vorbereitungen an der Festtafel vor. Die Gäste kommen heran und klingeln, das Dienstmädchen öffnet.)

DIENST-
MÄDCHEN: Guten Abend, die Herrschaften. Bitte kommen sie doch herein, Sie werden schon erwartet.
            (Hilft ihnen aus den Mänteln und Jacken.)

GASTGEBER: *(begrüßt alle mit Handschlag)* Guten Abend. Na, alles gesund und munter? *(Lacht aufmunternd.)*

GASTGEBERIN: Ach, kommt doch bitte gleich zu Tisch.
            (Bedeutet ihnen mit einer Handbewegung, Platz zu nehmen; die Gäste setzen sich.)

1. GAST: Na, Richard. Willst du uns nicht endlich verraten, was es mit dieser geheimnisvollen Einladung auf sich hat?

GASTGEBER: *(reckt sich stolz, atmet tief ein und sagt bedächtig)* Sicher, meine Lieben. Ich habe euch heute abend eingeladen . . . *(Kunstpause)* um euch an einem unvergleichlich köstlichen Mahl teilnehmen zu lassen.

2. GAST: Was gibt es denn so Außergewöhnliches bei dir?

GASTGEBERIN: Mein Mann ist nämlich seit ein paar Wochen leidenschaftlicher Pilzsammler. Ihr habt nun die Ehre, von seinen ersten, selbstgesammelten Pilzen zu probieren.

3. GAST: *(schluckt merklich, bringt dann mühsam hervor)* Die ersten . . .?

GASTGEBER: *(lacht)* Sei unbesorgt, Josefine. Wir haben zuvor den Hund kosten lassen – er hat es schadlos überstanden.
            (Alle Gäste atmen sichtlich und hörbar auf.)

GASTGEBERIN: *(schnippst mit den Fingern)* Mathilde: Servieren bitte!

DIENST-
MÄDCHEN: *(kommt mit einem Tablett herein, auf dem eine Schüssel steht; bedient die Herrschaften, während der Gastgeber den Wein einschenkt)*

GASTGEBERIN: Also dann: Allseits einen guten Appetit!
            (Alle greifen zu und essen.)

1. GAST: *(mit vollem Mund)* Hm, schmeckt ja wirklich vorzüglich.
2. GAST: *(ebenfalls kauend)* Ja wirklich, exquisit!
3. GAST: *(hält dem Dienstmädchen seinen Teller hin)* Dürfte ich bitte noch etwas haben?
            (Das Dienstmädchen bedient ihn, wartet dann etwas abseits,

	bis alle ihren Teller geleert haben, räumt dann ab und geht hinaus.)
1. GAST:	*(lehnt sich behaglich zurück)* Hach, das war wirklich ein sehr gutes Essen!
2. GAST:	Ja. Ich muß dich wirklich loben, Richard.
3. GAST:	Ja, ja, es . . .
DIENST-MÄDCHEN:	*(kommt ohne anzuklopfen hereingestürmt)* Der Hund ist tot! Der Hund ist tot!!! Er ist . . .
3. GAST:	*(hält sich die Hand vor den Mund)* Mein Gott . . . *(Seine Augen weiten sich entsetzt.)*
1. GAST:	*(hält sich die Hände vor den Bauch)* Oh, ist mir übel . . .
DIENST-MÄDCHEN:	Der Hund ist . . .
2. GAST:	*(erhebt sich)* . . . tot. – Wir haben es vernommen.
DIENST-MÄDCHEN:	Ja, aber . . .
GASTGEBERIN:	*(stöhnt)* Oh, ist mir schlecht, Richard. Ich hab dir doch gleich gesagt, du sollst dieses alberne Hobby lassen. Aber du hörst ja nie auf mich . . .
DIENST-MÄDCHEN:	*(tritt ungeduldig mit einem Fuß auf)* Aber so hören sie doch! Der Hund . . .
GASTGEBER:	*(bedeutet ihr mit einer gebieterischen Handbewegung zu schweigen.)* . . . ist tot. Ja! Und unsere Konsequenz daraus ist . . .
1. GAST:	*(beginnt zu würgen; wischt sich mit dem Handrücken über die Stirn)*
2. GAST:	*(steht auf)* Ich glaube, ich muß mich erbrechen. *(Läuft schnell hinaus.)*
DIENST-MÄDCHEN:	Der Hund ist nämlich . . .
GASTGEBER:	. . . an einer Pilzvergiftung gestorben. Nun sprechen sie's doch schon aus!
DIENST-MÄDCHEN:	*(verwundert)* An einer Pilzvergiftung . . .? Aber nein! Er ist eben unters Auto gekommen!

Der Hundebiß

(für Kinder zwischen 12 und 14 Jahren)

Zeitdauer: 5 Minuten.

2 Personen: Arzt, Patient.

Raumgestaltung und Requisiten:

Für diesen Sketch ist nicht unbedingt eine Raumgestaltung nötig. Man kann aber aus vorhandenen Dingen die Atmosphäre einer Arztpraxis darstellen, wie z. B. mit einem Bett oder aneinandergerückten Stühlen als Bett, ein oder zwei Stühle, ein Tisch als Schreibtisch für den Arzt. Auf dem Tisch könnte ein »Rezeptblock« liegen, ebenso wie Messer, Scheren verschiedener Größe, Schreibstifte, ein Hölzchen für den Mund . . . An dem Schreibtisch kann eine Klemmlampe befestigt sein, die der Arzt später auf den zu untersuchenden Gegenstand richten kann.

Kostüme:

Der *Arzt* sollte möglichst einen weißen Kittel tragen. Man kann ihm auch ein selbstgebasteltes Stethoskop umhängen sowie eine kleine Taschenlampe, die von einem breiten Band gehalten wird.

Der *Patient* benötigt keine Verkleidung. Er muß nur eine Hand mit viel Verbandmull (oder auch Toilettenpapier) und Pflaster verbunden haben, jeden Finger einzeln!

Spielhinweise:

Der Patient muß »glaubwürdig« jammern, wenn der Arzt vorsichtig einen Finger nach dem anderen abwickelt.

(Der Arzt sitzt in seiner Praxis am Schreibtisch.
Der Patient kommt hereingestürmt und hält seine verbundene Hand in die
Luft.)

PATIENT:	Herr Doktor! Herr Doktor, ein Hund hat mich gebissen!
ARZT:	*(steht auf)* Na, wollen wir uns die Sache mal ansehen. Bitte setzen sie sich. *(Weist auf einen Stuhl.)*
PATIENT:	*(während er sich setzt)* Au, – au weh . . .
ARZT:	*(besieht sich die Hand und betastet sie)* Tut's hier weh?
PATIENT:	Au – ja! Aua, aua . . . das tut ganz besonders weh!
ARZT:	*(beginnt den Verband am Daumen abzuwickeln)* Dann werde ich hier mal nachsehen.
PATIENT:	Oh – aua – aua . . . Au, tut das weh . . .
ARZT:	Beruhigen Sie sich doch! Ich wickle den Verband auch ganz vorsichtig ab!
PATIENT:	Oh, aua, aua . . .
ARZT:	*(nachdem der Verband vom Daumen abgewickelt ist)* Aber hier ist ja gar kein Biß zu sehen . . .
PATIENT:	Dann ist es sicher der andere Finger gewesen, au – au. So helfen Sie mir doch, Herr Doktor. Ich halt' das nicht mehr lange aus!
ARZT:	*(beginnt, den Verband am Zeigefinger abzuwickeln)* Ja doch. Halten Sie nur ruhig . . .
PATIENT:	Oh, tut das weh!
ARZT:	Was war es denn für ein Hund, der Sie gebissen hat?
PATIENT:	*(zeigt mit der gesunden Hand etwa 1,50 m vom Boden)* Sooo groß. Ein Bulle. Bulldogge oder Dogge oder so . . . aua! Seien sie doch vorsichtig!
ARZT:	*(hat nun den Zeigefingerverband abgewickelt)* An diesem Finger ist auch nichts zu sehen!
PATIENT:	*(besieht sich seinen Finger mißtrauisch)* Tatsächlich. Oh, – dann ist es der Mittelfinger. Ohha – ausgerechnet der längste! Machen Sie doch schnell, Herr Doktor. Das sind solche Schmerzen . . .
ARZT:	*(wickelt den nächsten Finger frei)* So, das haben wir gleich. Gleich wird's Ihnen besser gehen . . .

PATIENT:	Hoffentlich. Oh, – aua, aua, diese Schmerzen! *(Verzieht das Gesicht.)*
ARZT:	*(nachdem auch dieser Finger frei ist)* Aber der Finger ist auch gesund! – Na, dann ist es sicher der nächste. Nur noch einen kleinen Moment Geduld . . . *(Wickelt den nächsten Finger los.)*
PATIENT:	Oh, oh – hoffentlich überlebe ich das. Oh, – tut das weh! Verflixt . . .
ARZT:	*(hat den Verband abgewickelt)* Na, nun kann es nur noch der kleine Finger sein. Der Ringfinger ist auch in Ordnung.
PATIENT:	Der Kleine? Aua, – nicht so feste! Ach, ausgerechnet der kleine Finger! Der ist doch am empfindlichsten und tut – aua – am meisten weh. Ah – oh – aua . . .
ARZT:	*(hat nun den ganzen Verband abgewickelt, hält die Hand ans Licht und besieht sie von allen Seiten; erstaunt)* Aber da ist ja gar nichts zu sehen! Kein Biß! Ihre Hand ist vollkommen in Ordnung!
PATIENT:	*(macht ein verdutztes Gesicht. Hält die Hand hoch, bewegt sie vorsichtig, öffnet und schließt sie zur Probe)* Ja – tatsächlich. *(Atmet erleichtert auf.)* Hach – dann hat er wohl danebengebissen!

Die Geburtstagstorte

(für Kinder ab 8 Jahre)

Zeitdauer: 5 Minuten.

2 Personen: Lehrling, Meister.

Raumgestaltung und Requisiten:

In dem Raum steht ein Tisch, auf dem einiges Backzubehör ausgebreitet ist, wie z. B. eine Backschüssel, ein Rührgerät, Kochlöffel, Mehl, Zucker usw. Außerdem noch eine Geburtstagstorte, an der noch die letzten Garnierungen vorgenommen werden müssen. (Die Torte kann aus Pappe, Kreppapier und ähnlichem gebastelt werden.)

Hinter dem Tisch sollte eine Abgrenzung sein, die deutlich macht, daß dahinter ein anderer Raum beginnt. (Die Abgrenzung kann z. B. gut durch 2 oder 3 Stühle dargestellt werden. Die Stühle stehen mit den Seiten der Sitzflächen aneinander. Zwischen 2 Stühlen ist ein Abstand von etwa 50 cm, der die Türöffnung darstellen soll.) Durch diese Art der Abgrenzung wird dem Zuschauer klar, daß sich der Sketch in 2 Räumen abspielt, und er hat gleichzeitig die Möglichkeit, das Geschehen in beiden Räumen zu beobachten. Im zweiten Raum wird durch 2 aneinandergestellte Tische eine Verkaufstheke dargestellt.

Kostüme:

Der *Lehrling* trägt über seiner Kleidung eine Schürze (möglichst einen weißen Kittel). Auf dem Kopf trägt er eine Bäckermütze. Diese kann aus einem Streifen Pappe, der der Kopfform angepaßt ist und zusammengeklebt wird, und weißem Kreppapier, das drumherumgeklebt wird, jedoch nach oben spitz zuläuft, angefertigt werden. Der *Meister* hat ebenfalls eine weiße Schürze vor den Bauch gebunden. Da man sich einen Bäckermeister meist rund und gemütlich vorstellt, kann man ihm den Bauch auspolstern. (Kissen oder Stoff in die Hose stopfen. Am besten zieht man deswegen eine dehnbare Gymnastik- oder Strumpfhose an.)

Spielhinweise:

Damit den Zuschauern von Anfang an klar ist, wer bei diesem Sketch

* mitspielt und *wo* er sich abspielt, sollten die beiden Mitspieler vor *
* Spielbeginn kurz erklären, daß sie sich in einer Bäckerei befinden. *
* Außerdem sollten sie sich selbst kurz vorstellen. *
* *
* *

* * * * * * * * * * **Spielverlauf** * * * * * * * * * *

(Der Meister steht hinter der Verkaufstheke, der Lehrling arbeitet im Nebenraum an der Geburtstagstorte. Rücken nicht den Zuschauern zuwenden!)

MEISTER: *(ruft herüber)* Ist die Geburtstagstorte bald fertig, Egon? Frau Schlammelmeier hat eben angerufen. Sie will die Torte in einer halben Stunde abholen.

LEHRLING: *(kommt mit mehlverschmiertem Gesicht an die Tür)* Ja, Meister. Ich muß die Torte nur noch ein bißchen verzieren.

MEISTER: Zeig die Torte mal her.

LEHRLING: *(geht zum Tisch und bringt sie vorsichtig in den anderen Raum)*

MEISTER: *(betrachtet sie von allen Seiten)* Die sieht wirklich gut aus! Bravo! Da wird Frau Schlammelmeier ja zufrieden sein! Wirklich ein gutes Lehrlingsstück, Egon!

LEHRLING: *(grinst breit von einem Ohr zum anderen)* Danke, Meister.

MEISTER: Na, dann mach mal weiter.

LEHRLING: *(geht zurück; auf halbem Weg ruft ihm der Meister noch zu)*

MEISTER: Ach, das hätte ich ja beinahe vergessen. Schreib zum Schluß noch »Herzlichen Glückwunsch« auf die Torte. Das hat Frau Schlammelmeier sich ausdrücklich gewünscht.

LEHRLING: Wird gemacht, Meister. *(Setzt die Torte wieder auf dem Tisch ab; macht sich an die Arbeit; diesmal aber mit dem Rücken zum Publikum; man hört ihn werkeln und fluchen; nach einer Weile ist es ganz still.)*

MEISTER:	*(ruft wieder herüber)* Egon, Frau Schlammelmeier wird gleich da sein. Bring mir doch bitte die Geburtstagstorte.
LEHRLING:	*(kommt mit den Händen auf dem Rücken in den anderen Raum; die Hände hält er so, daß auch die Zuschauer sie nicht sehen; macht ein ganz geknicktes und bekümmertes Gesicht)*
MEISTER:	Was ist denn los, Egon?
LEHRLING:	*(stapft verlegen von einem Fuß auf den anderen; hat ein deutlich schlechtes Gewissen)* Ooooch . . .
MEISTER:	Was hast du denn auf einmal? Was machst du denn für ein Gesicht?
LEHRLING:	*(nimmt die Hände hinter dem Rücken hervor; hält eine runde, platte Pappscheibe)*
MEISTER:	*(starrt verständnislos darauf)* Was ist das denn?
LEHRLING:	*(stottert verlegen)* Die – die Torte hat nicht in die Schreibmaschine gepaßt.

Auf der Parkbank

(für Kinder ab 8 Jahre)

Zeitdauer: 5–10 Minuten.

5 Personen: Landstreicher, Oma, Mann, Dame, junger Mann.

Raumgestaltung und Requisiten:

Einige Stühle werden zu einer »Parkbank« zusammengeschoben. Eventuell kann man als Dekoration noch Sträucher, Bäume, eine Straßenlaterne oder anderes malen und basteln.

Kostüme:

Der *Landstreicher* trägt alte, schmuddelige Klamotten, wie z. B. weite Jeans mit Flicken, ein weites, ausgefranstes Hemd und zu große Schuhe.

Die *Oma* trägt eine Brille, einen Stock in der Hand und die Haare zu einem Dutt hochgesteckt.

Der *Mann* hat einen Hut auf dem Kopf und eine Zeitung in der Hand.

Die *Dame* ist stark geschminkt, trägt elegante, hochhackige Schuhe und ein Umhängetäschchen.

Der *junge Mann* ist lässig gekleidet, trägt ein Kofferradio unterm Arm und eventuell einen Fußball.

Spielhinweise:

Da das Stück – bis auf den letzten Satz – ohne Worte gespielt wird, muß darauf geachtet werden, daß die Bewegungen klar, einfach und ausdrucksvoll ausgeführt werden!

Dabei können die Gesten und Bewegungen ruhig etwas überspitzt und übertrieben gezeigt werden, damit der Sinn klar zum Ausdruck kommt.

Wichtig ist, daß sich jeder Spieler sehr typisch verhält, also der Landstreicher betont gelangweilt und schlürfend geht, die Oma mit Hexenschuß verwirrt und kurzsichtig umherblickt, der Mann sich in seine Zeitung vertieft und der junge Mann im Rhythmus der Musik mit den Füßen wippt.

Auf einer Bank sitzen nebeneinander vier Leute. Der Landstreicher kommt pfeifend heran und sieht, daß kein Platz mehr frei ist. Er bleibt neben der Bank stehen und gähnt laut und herzhaft.

Nun stellt er sich dicht neben die Oma, die außen sitzt, und er beginnt sich ausgiebig zu kratzen. Er tut so, als würde er eine Laus aus seinen wirren Haaren klauben. Dann schnippt er sie mit den Fingern in die Richtung, in der die Oma sitzt.

Oma steht schnell auf (Hexenschuß!) und verläßt humpelnd und auf den Stock gestützt empört den Raum.

Die anderen drei machen sich etwas breiter auf der Bank. Der Landstreicher kratzt sich weiter und schüttelt seinen Kopf, daß die Läuse fliegen.

Der Mann faltet seine Zeitung zusammen, wirft dem Landstreicher einen mißbilligenden Blick zu, schüttelt den Kopf und geht.

Der Landstreicher setzt sich und kratzt sich weiter, zerreibt die Läuse zwischen den Fingern und ißt sie dann schmatzend auf.

Die Dame sieht entsetzt zu und flieht schnell. Der Landstreicher kratzt und schmatzt weiter. Der letzte auf der Parkbank, der junge Mann, beginnt sich nun auch überall zu kratzen. Schließlich springt er auf und verläßt ebenfalls die Parkbank.

Der Landstreicher legt sich der Länge nach auf die Parkbank, verschränkt die Arme unter dem Kopf, grinst zufrieden und sagt:

(Berlinerisch) Läuse hab' ick keene, aber 'ne jansse Bank für mich alleene.

NÜTZLICHE RATGEBER

EINE AUSWAHL

Stand: Frühjahr 1990

Essen und Trinken

Meine feine Bürgerliche Küche
(4411-4) Von E. Falout, 160 S., 119 Farbfotos, Pappband. ●

Essen in Hessen
Spezialitäten zwischen Schwalm und Odenwald. (0837-X) Von R. Witt, 120 S., 10 s/w-Zeichnungen, Pappband. ●●

Kochen für 1 Person
Rationell wirtschaften, abwechslungsreich und schmackhaft zubereiten. (0586-5) Von M. Nicolin, 104 S., 8 Farbtafeln, 23 Zeichnungen, kart. ●

Schnell und individuell
Die raffinierte Single-Küche
(4266-3) Von F. Faist, 160 S., 151 Farbfotos, Pappband. ●●●

Für Kenner und Genießer **Lamm**
(1090-7) Von H. Imhof, 64 S., 50 Farbfotos, Pappband. ●

Frischer Fang aus Fluß und Meer **Fisch**
(0964-X) Von L. Grieser, 64 S., 69 Farbfotos, Pappband. ●

Edler Kern in harter Schale **Meeresfrüchte**
(0886-4) Von L. Grieser, 48 S., 52 Farbfotos, Pappband. ●

Gaumenfreuden Tag für Tag
Pfannengerichte
(1007-9) Von S. Fabke, 64 S., 54 Farbfotos, Pappband. ●

Von Tatar und falschen Hasen **Hackfleisch**
(0866-X) Von A. und G. Eckert, 64 S., 42 Farbfotos, Pappband. ●

Aus eigener Küche **Gute Wurst**
(0948-8) Von J. Bessel, G. Quaas, 80 S., 8 Farbtafeln, kart. ●

Aus lauter Lust und Liebe **Knoblauch**
(0867-8) Von L. Reinirkens, 64 S., 45 Farbfotos, Pappband. ●

Kochen und würzen mit **Knoblauch**
(0725-6) Von A. und G. Eckert, 96 S., 8 Farbtafeln, kart. ●

Kochen und würzen mit **Paprika**
(0792-2) Von A. und G. Eckert, 88 S., 8 Farbtafeln, kart. ●

Bintje, Irmgard und Sieglinde
Kartoffeln
(1032-X) Von S. Fabke, 64 S., 43 Farb- und 1 s/w-Foto, Pappband. ●

Nudelgerichte
– lecker, locker, leicht zu kochen. (0466-4) Von C. Stephan, 80 S., 8 Farbtafeln, kart. ●

Pasta in Höchstform **Nudeln**
(0884-8) Von M. Kirsch, 64 S., 62 Farbfotos, Pappband. ●

Kräftig klar und cremig zart **Feine Suppen**
(1031-1) Von H. Imhof, 64 S., 48 Farbfotos, Pappband. ●

Herzhaftes für Leib und Seele **Eintöpfe**
(0820-1) Von P. Klein, 48 S., 30 Farbfotos, Pappband. ●

Spezialitäten unter knuspriger Decke
Aufläufe
(0882-1) Von C. Adam, 48 S., 33 Farbfotos, Pappband. ●

In Hülle und Fülle **Pasteten und Terrinen**
(0883-X) Von M. Kirsch, 48 S., 62 Farbfotos, Pappband. ●

Die Krönung der feinen Küche **Saucen**
(0817-1) Von G. Cavestri, 48 S., 40 Farbfotos, Pappband. ●

Schlank und köstlich **Spargel**
(1005-2) Von M. Kirsch, 64 S., 44 Farbfotos, Pappband. ●

Von Aubergine bis Zucchini **Gemüse**
(1061-3) Von H. Cohrs, 64 S., 39 Farbfotos, Pappband. ●

Statt Breakfast und Lunch **Brunch**
(1033-8) Von C. Adam, 64 S., 49 Farbfotos, Pappband. ●

Kochen in höchster Vollendung
Aus vier Elementen ist alles zusammengefügt (Theophrast). (4291-4) Von M. Wissing, M. Kirsch, 160 S., 230 Farbfotos, Leinen geprägt mit Schutzumschlag, im Schuber, **DM 98,–**, S 784.–, Fr 94,10

Mit Lust und Liebe
Kochen mit den Meistern
(4445-3) 176 S., 132 Farbfotos, 50 Graffiti, Pappband. ●●●●

Zaubern mit der schnellen Welle
Die neue Mikrowellenküche
(4289-2) Von F. Faist, 208 S., 188 Farbfotos, Pappband. ●●●

Ganz und gar mit Mikrowellen
(4094-6) Von T. Peters, 208 S., 24 Farbfotos, 12 Zeichnungen, kart. ●●●

Schnell auf den Tisch gezaubert
Kochen mit Mikrowellen
(0818-X) Von A. Danner, 64 S., 52 Farbfotos, Pappband. ●

Das neue Mikrowellen-Kochbuch
(0434-6) Von H. Neu, 80 S., 4 Farbtafeln, 16 s/w Zeichnungen, kart. ●

Knusprig braten und backen im
Mikrowellen-Kombigerät
(0996-X) Von T. Peters, 128 S., 108 Farbfotos, kartoniert. ●●

Leicht und vitaminreich
Vegetarische Mikrowellenküche
(0995-X) Von F. Faist, 118 S., 103 Farbfotos, kartoniert. ●●

Schnell und individuell
Mikrowellenküche für Singles
(0997-6) Von A. Görgens, 118 S., 103 Farbfotos, kartoniert. ●●

Vom ersten Versuch zum Menü
Mikrowellenküche leicht gemacht
(0994-1) Von T. Peters, 112 S., 100 Farbfotos, kartoniert. ●●

Zart gedünstet, schonend gegart
Fischgerichte aus der Mikrowellenküche
(1092-3) Von A. Ilies, 96 S., 105 Farbfotos, kartoniert. ●●

Köstliches ganz schnell gezaubert
Aufläufe aus der Mikrowellenküche
(1093-1) Von K. Kruse-Schorling, 96 S., 100 Farbfotos, kartoniert. ●●

Natürlich Kochen im
Mikrowellen-Römertopf
(0947-X) Von F. Faist, 96 S., 8 Farbt., kart. ●

Köstliches aus dem Tontopf
(0442-7) Von A. u. G. Eckert, 80 S., 8 Farbtafeln, kart. ●

Das neue Fritieren
geruchlos, schmackhaft und gesund.
(0365-X) Von P. Kühne, 88 S., 8 Farbtafeln, kart. ●

Goldbraun und knusprig
Fritierte Leckerbissen
(0868-6) Von F. Faist, 64 S., 47 Farbfotos, Pappband. ●

Schnell und gut gekocht
Die tollsten Rezepte für den Schnellkochtopf.
(0265-3) Von J. Ley, 96 S., 8 Farbtafeln, kart. ●

Italienische Vorspeisen **Antipasti**
(1006-0) Von S. Reiter-Westphal, 64 S., 47 Farbfotos, Pappband. ●

Pizza, Pasta und die feine italienische Küche
(4270-1) Von R. Rudatis, 120 S., 255 Farbfotos, Pappband. ●●

Schlemmerreise durch die
Italienische Küche
(4172-1) Von V. Pifferi. 160 S., 109 Farbfotos, Pappband. ●●

Schlemmen wie bei Mamma Maria
Pizzas
(0815-5) Von F. Faist, 64 S., 62 Farbfotos, Pappband. ●

Spaghetti, Tagliatelle + Co.
Pasta all'italiana
(1004-4) Von I. Seyric, 64 S., 57 Farbfotos, Pappband. ●

Pikantes und Süßes mit französischem Charme **Bistro-Küche**
(4428-3) Von V. Müller, 160 S., 130 Farbfotos, Pappband. ●●●

Schlemmerreise durch die
Französische Küche
(4296-5) Von H. Imhof, 160 S., 147 Farbfotos, 3 s/w-Fotos, Pappband. ●●●

Schlemmerreise durch die
Chinesische Küche
(4184-5) Von K. H. Jen, 160 S., 117 Farbfotos, Pappband. ●●

Verheißungsvoll fernöstlich
Spezialitäten aus dem Wok
(0933-X) Von H. K. Jen, 64 S., 56 Farbfotos, Pappband. ●

Mit Lust und Liebe **Chinesisch Kochen**
(4441-0) Von Ho Fu-Lung, Uli Franz, 176 S., 189 Farbfotos, 29 Zeichnungen, Pappband. ●●●●

Chinesisch kochen
mit dem Wok- und Mongolentopf.
(0557-1) Von C. Korn, 64 S., 8 Farbt., kart. ●

Falken-Verlag GmbH · Postfach 1120   D-6272 Niedernhausen/Ts. · Tel.: 0 6127/70 20

Mehr Freude und Erfolg beim **Grillen**
(**4141**-1) Von A. Berliner, 160 S., 147 Farbfotos, 10 farbige Zeichnungen, Pappband. ●●●

Köstliches von Rost und Spieß **Grillen**
(**0931**-3) Von A. Kalcher-Dähn, H. K. Kalcher, 64 S., 43 Farbfotos, Pappband. ●

Bocuse à la carte
Französisch kochen mit dem Meister.
(**4237**-X) Von P. Bocuse, 88 S., 218 Farbfotos, Pappband. ●

Französische Küche
(**0685**-2) Von M. Gutta, 96 S., 16 Farbt., kart. ●

Fondues · Raclettes · Flambiertes
(**4081**-4) Von R. Peiler und M.-L. Schult, 136 S., 15 Farbtafeln, 28 Zeichnungen, kart. ●●

Fondues
und fritierte Leckerbissen. (**0471**-0) Von S. Stein, 96 S., 8 Farbtafeln, kart. ●

Rezepte rund um Raclette und Doppeldecker
(**0420**-6) Von J. W. Hochscheid, 72 S., 8 Farbtafeln, kart. ●

Schlemmen in geselliger Runde
Fleischfondues
(**0966**-6) Von M. Spötter, 64 S., 62 Farbfotos, Pappband. ●

Fondues und Racletts
(**4253**-1) Von F. Faist, 160 S., 125 Farbfotos, Pappband. ●●●

Neue, raffinierte Rezepte mit dem Raclette-Grill
(**0558**-X) Von L. Helger, 72 S., 8 Farbt., kart. ●

Schmelzendes Käsevergnügen **Raclette**
(**0881**-3) Von F. Faist, 48 S., 33 Farbfotos, Pappband. ●

Kulinarischer Feuerzauber **Flambieren**
(**4294**-9) Von R. Wesseler, 120 S., 100 Farbfotos, Pappband. ●●●

Das köstliche knackige Schlemmervergnügen **Salate**
(**4165**-9) Von V. Müller, 160 S., 80 Farbfotos, Pappband. ●●●

Köstliche Salate zum Verwöhnen
(**0222**-X) Von C. Schönherr, 96 S., 8 Farbtafeln, 30 Zeichnungen, kart. ●

Frisch und leicht als Hauptgericht
Schlemmersalate
(**0934**-8) Von C. Adam, 64 S., 49 Farbfotos, Pappband. ●

Köstlich frisch auf den Tisch
Rohkostsalate
(**0865**-5) Von C. Adam, 48 S., 26 Farbfotos, Pappband. ●

Raffiniert und gesund würzen
Kräuterküche
(**0869**-4) Von A. Görgens, 48 S.,43 Farbfotos, Pappband. ●

Miekes Kräuter- und Gewürzkochbuch
(**0323**-4) Von I. Persy, K. Mieke, 88 S., 4 Farbtafeln, kartoniert. ●

Joghurt, Quark, Käse und Butter
Schmackhaftes aus Milch hausgemacht.
(**0739**-6) Von M. Bustorf-Hirsch, 32 S., 59 Farbabb., Pappband. ●

Gesund und vielseitig **Alles mit Joghurt**
täglich selbstgemacht, mit vielen Rezepten.
(**0382**-6) Von G. Volz, 96 S., 8 Farbt., kart. ●

Locker, flockig, leicht…
Müsli & Co
(**0965**-8) Von C. Adam, 64 S., 42 Farbfotos, Pappband. ●

Bärenstark und kerngesund
Vollwertkost für Kinder
(**0968**-2) Von S. Reiter, 64 S., 44 Farbfotos, Pappband. ●

Gesunde Ernährung für mein Kind
(**0776**-6) Von M. Bustorf-Hirsch, 112 S., 8 Farbtafeln, 5 s/w-Zeichnungen, kart. ●

Das Getreidemühlenkochbuch
(**1017**-6) Von M. Bustorf-Hirsch, 112 S., 8 Farbtafeln, kartoniert. ●

Meine Vollkornküche
Herzhaftes vom echtem Schrot und Korn
(**0858**-9) Von S. Walz, 96 S., 8 Farbt., kart. ●

Die abwechslungsreiche Vollwertküche
Vitaminreich und naturbelassen kochen und backen. (**4229**-9) Von M. Bustorf-Hirsch, K. Siegel, 280 S., 31 Farbtafeln, 78 Zeichnungen, Pappband: ●●●●

Die verlockende Alternative
Süße Vollwertküche
(**0936**-4) Von A. Roßmeier, 64 S., 50 Farbfotos, Pappband. ●

Die gesunde Art, sich zu verwöhnen
Vollwertküche für Singles
(**0937**-2) Von A. Görgens, 64 S., 43 Farbfotos, Pappband. ●

Dinkel, Hirse, Roggenkorn…:
Verniges aus der Getreideküche
(**0932**-1) Von S. Frank, 64 S., 49 Farbfotos, Pappband. ●

Die feine Vollwertküche
(**4286**-8) Von M. Bustorf-Hirsch, 160 S., 83 Farbfotos, Pappband. ●●●

Mit Lust und Liebe…
Vollwertküche für Genießer
(**4412**-4) Von Prof. Dr. C. Leitzmann, H. Million, 256 S., 329 Farbfotos, Pappband. ●●●●

Naturküche à la carte
(**4406**-2) Von M. Wissing, M. Kirsch, 160 S., 179 Farbfotos, Pappband. ●●●●

Biologische Ernährung
für eine natürliche und gesunde Lebensweise. (**4125**-X) Von G. Leibold, 136 S., 15 Farbtafeln, 47 Zeichnungen, kart. ●●

Die feine Vegetarische Küche
(**4235**-3) Von F. Faist, 160 S., 191 Farbfotos, Pappband. ●●

Schmackhafte Vollwertkost ohne tierisches Eiweiß
(**0993**-3) Von M. Bustorf-Hirsch, 96 S., 54 Farbfotos, kartoniert. ●●

Cholesterinarm kochen und genießen
(**4442**-9) Von R. Unsorg, 168 S., 132 Farbfotos, kartoniert. ●●●

Die aktuelle **Cholesterintabelle**
(**1088**-7) Von Dr. H. Oberritter, 84 S., 12 zweifarbige Grafiken, kartoniert. ●

Würzig kochen ohne Salz
(**0922**-4) Von S. Roediger-Streubel, 160 S., 16 Farbtafeln, kart. ●●

Alternativ essen
Die gesunde Sojaküche.
(**0553**-9) Von U. Kolster, 112 S., 8 Farbt., kart. ●

Kochen mit Tofu
Die gesunde Alternative.
(**0894**-9) Von U. Kolster, 80 S., 8 Farbtafeln, kart. ●

Gesund kochen mit Keimen und Sprossen
(**0794**-9) Von M. Bustorf-Hirsch, 96 S., 4 Farbtafeln, 13 s/w-Zeichnungen, kart. ●

Keime und Sprossen in der Naturküche
(**4299**-X) Von M. Bustorf-Hirsch, 96 S., 144 Farbfotos, Pappband. ●●

Backen mit Lust und Liebe
(**4284**-1) Von M. Schumacher, R. Krake, 242 S., 348 Farbfotos, 18 farb. Vignetten, 3 vierseitige Ausklapptafeln, Pappband. ●●●●

Tortenträume und Kuchenfantasien
Gebackene Köstlichkeiten originell dekoriert und verziert.
(**0823**-6) Von F. Faist, 80 S., 150 Farbfotos, Pappband. ●●

Waffeln
Hörnchen, Pfannkuchen und Crêpes.
(**0522**-9) Von C. Stephan, 64 S., 8 Farbtafeln, kart. ●

Mehr Freude und Erfolg beim
Brotbacken
(**4148**-9) Von A. und G. Eckert, 160 S., 177 Farbfotos, Pappband. ●●●

Selbst Brotbacken
Über 50 erprobte Rezepte.
(**0370**-6) Von A. und G. Eckert, 80 S., 4 Zeichnungen, 4 Farbtafeln, kart. ●

Meine Vollkornbackstube
Brot · Kuchen · Aufläufe. (**0616**-0) Von R. Raffelt, 96 S., 4 Farbtafeln, 12 Zeichnungen, kart. ●

Mit Körnern, Zimt und Mandelkern
Vollkorngebäck
(**0816**-3) Von M. Bustorf-Hirsch, 48 S., 39 Farbfotos, Pappband. ●

Knusprig, kernig, urgesund **Vollkornbrot**
(**0938**-0) Von S. Reiter, 64 S., 46 Farbfotos, Pappband. ●

Weihnachtsbäckerei
Köstliche Plätzchen, Stollen, Honigkuchen und Festtagstorten.
(**0682**-9) Von M. Sauerborn, 32 S., 34 Farbfotos, Pappband. ●

Meine Weihnachtsbackstube
(**5163**-8) Von M. Sauerborn, 32 S., 23 Farbfotos, mit Vorlagebogen in Originalgröße, kart. ●

Süße Verführungen **Desserts**
(**0885**-6) Von M. Bacher, 64 S., 75 Farbfotos, Pappband. ●

Süße Geheimnisse eiskalt gelüftet
Eis und Sorbets
(**0870**-8) Von H. W. Liebheit, 48 S., 38 Farbfotos, Pappband. ●

Raffiniertes mit
Eis
Drinks/Desserts/Eissorten
(**1029**-X) Von. F. Hoffmann, 64 S., 74 Farbfotos, kartoniert. ●

Zart schmelzende Versuchungen
Schokolade
(**0819**-3) Von J. Schroer, 48 S., 53 Farbfotos, Pappband. ●

Mitbringsel aus meiner Küche
selbst gemacht und liebevoll verpackt.
(**0668**-3) Von C. Schönherr, 32 S., 30 Farbfotos, Pappband. ●

Marmeladen, Gelees und Konfitüren
Köstlich wie zu Omas Zeiten – einfach selbstgemacht. (**0720**-5) Von M. Gutta, 32 S., 23 Farbfotos, 1 Zeichnung, Pappband. ●

Einkochen, Einlegen, Einfrieren
(**4055**-5) Von B. Müller, 152 S., 27 s/w.-Abb., 16 Farbtafeln, kart. ●●

Haltbarmachen in der Öko-Küche
Gesunde Konservierungsmethoden für Obst, Gemüse, Kräuter und Pilze. (**0923**-2) Von M. Bustorf-Hirsch, 120 S., 92 Farbabb., kart. ●●

Komm, koch und back mit mir
Kunterbuntes Kochvergnügen für Kinder.
(**4285**-X) Von S. und H. Theilig, illustriert von B. v. Hayek, 112 S., 45 Farbabb., Pappband. ●

Kinder lernen spielend backen
(**5110**-7) Von M. Gutta, 64 S., 50 Farbfotos, Pappband. ● ●

Kinder lernen spielend kochen
Lieblingsgerichte mit viel Spaß selbst zubereitet
(**5096**-8) Von M. Gutta, 64 S., 45 Farbfotos, Pappband. ●

Mit Lust und Liebe **Kalte Platten & Buffets**
Anrichten und Garnieren
(**4427**-5) Von P. Grotz, 176 S., 228 Farbfotos, Pappband. ●●●●

Garnieren und Verzieren
(**4236**-1) Von R. Biller, 160 S., 329 Farbfotos, 57 Zeichnungen, Pappband. ●●●

Köstlichkeiten für Gäste und Feste
Kalte Platten
(**4200**-0) Von I. Pfliegner, 160 S., 130 Farbfotos, Pappband. ●

Wenn Gäste kommen…
Kalte Küche
(**1060**-5) Von A. Ilies, 64 S., 49 Farbfotos, Pappband. ●

Fein und raffiniert
Canapés und kleine Köstlichkeiten
(**0963**-1) Von H. Imhof, 64 S., 53 Farbfotos, Pappband. ●

Festlich kochen und backen
für Advent und Weihnachten
(**4443**-7) Von A. Guter, 96 S., 66 Farbfotos, 1 s/w-Foto, Pappband. ●●

Der perfekt gedeckte Tisch
(**1028**-1) Von H. Tapper, 80 S., 161 Farbfotos, 13 Zeichnungen, kartoniert. ●●

Der schön gedeckte Tisch
Vom einfachen Gedeck bis zur Festtafel stimmungsvoll und perfekt arrangiert.
(**4246**-3) Von H. Tapper, 112 S., 206 Farbfotos, 21 s/w-Abbildungen, Pappband. ●●●

Servietten falten
80 Ideen für schön gedeckte Tische
(**1042**-7) Von M. Müller, O. Mikolasek, 80 S., 289 Farbfotos, 50 Zeichnungen, kartoniert. ●●

Phantasievolle Tischdekorationen selber machen
(**0984**-4) Von Y. Thalheim, H. Nadolny, 80 S., 174 Farbfotos, 21 Zeichnungen, kart. ●●

Tischkarten dekorativ gestalten
aus allerlei Material für viele Anlässe
(**0946**-2) Von H. York, 32 S., 108 Farbfotos, Pappband. ●

Servietten dekorativ falten
Geschmackvolle Anregungen aus Stoff und Papier. (**0804**-X) Von H. Tapper, 32 S., 134 Farbfotos, Pappband. ●

Tee für Genießer
Sorten · Riten · Rezepte. (**0356**-0) Von M. Nicolin, 64 S., 4 Farbtafeln, kart. ●

Weinlexikon
Wissenswertes über die Weine der Welt.
(**4149**-7) Von U. Keller, 228 S., 6 Farbtafeln, 395 s/w-Fotos, Pappband. ●●●

Weine und Säfte, Liköre und Sekt
selbstgemacht. (**0702**-7) Von P. Arauner, 232 S., 76 Abb., kart. ●

Fruchtig, spritzig, eisgekühlt
Mixen ohne Alkohol
(**0935**-9) Von S. Späth, 64 S., 44 Farbfotos, Pappband. ●

Cocktails
(**4267**-1) Von W. R. Hoffmann, W. Hubert, U. Lottring, 160 S., 164 Farbfotos, 1 s/w-Foto, Pappband. ●●

Cocktails und Mixereien
für häusliche Feste und Feiern. (**0075**-8) Von J. Walker, 96 S., 4 Farbtafeln, kart. ●

Neue Cocktails und Drinks
mit und ohne Alkohol. (**0517**-2) Von S. Späth, 128 S., 4 Farbtafeln, kart. ●

Die besten Punsche, Grogs und Bowlen
(**0575**-X) Von F. Dingden, 64 S., 4 Farbt., kart. ●

SLIM
Der neue, individuelle Schlankheitsplan
(**4277**-9) Von Prof. Dr. E. Menden, W. Aign 120 S., 440 Farbfotos, Pappband. ●●●

Schlank werden nach Dr. Hay **Trennkost**
Die bewährten Vollwert-Rezepte von Ursula Summ. (**4298**-1) Von U. Summ, 96 S., 54 Farbfotos, 1 Zeichnung, kart. ●●

Eßlust statt Diätfrust
Die Pfundskur
(**1102**-4) Von Prof. Dr. V. Pudel, 144 S., 8 s/w-Zeichnungen, 4 Vignetten, kartoniert. ●

Vitamine und Ballaststoffe
So ermittle ich meinen täglichen Bedarf
(**0746**-9) Von Prof. Dr. M. Wagner, I. Bongartz, 96 S., 6 Farbfotos, zahlreiche farb. Tabellen, kart. ●

Kalorien – Joule
Eiweiß · Fett · Kohlenhydrate tabellarisch nach gebräuchlichen Mengen. (**0374**-9) Von M. Bormio, 88 S., kart. ●

Hobby und Freizeit

Falken-Handbuch
Zeichnen und Malen
(**4167**-5) Von B. Bagnall, 336 S., 1154 Farbabb., Pappband. ●●●●●

Das große farbige PLAKA-Buch
Malen und Basteln
(**4402**-X) Von H.-J. Giesecke, 192 S., 224 Farbfotos, 20 Farb- und 4 s/w-Zeichnungen, Pappband. ●●●

Einmal grad und einmal krumm
Zeichenstunden für Kinder (**0599**-7) Von H. Witzig, 144 S., 363 Abb. kart. ●

Punkt, Punkt, Komma, Strich
Zeichenstunden für Kinder
(**0564**-4) Von H. Witzig, 144 S., über 250 Zeichnungen, kart. ●

Figürliches Zeichnen
leicht gemacht
(**1010**-3) Von H. Witzig, 112 S., 462 Figuren, kartoniert. ●

Spielend zeichnen lernen mit den Montagsmalern
(**0974**-7) Von G. Lages, Sigi-Harreis, 112 S., 326 s/w-Zeichnungen, kartoniert. ●●

Kalligraphie
Die Kunst des schönen Schreibens
(**4263**-9) Von C. Hartmann, 120 S., 44 Farbvorlagen, 29 s/w-Vorlagen, 2 s/w-Zeichnungen, 38 Farbfotos, Pappband. ●●●●

Gestalten mit Schrift
Kalligraphie
(**1044**-3) Von I. Schade, 80 S., 2 Farb- und 1 s/w Foto, 143 Farbzeichnungen, kartoniert. ●●

Aquarellmalerei
als Kunst und Hobby (**4147**-0) Von H. Haack, B. Wersche, 136 S., 62 Farbfotos, 119 Zeichnungen, Pappband. ●●●●

Aquarellmalerei leicht gelernt
Materialien · Techniken · Motive.
(**0787**-6) Von T. Hinz, R. Braun, B. Zeidler, 32 S., 38 Farbfotos, 1 Zeichn., Pappband. ●

Hobby Aquarellmalen
Landschaft und Stilleben. (**0876**-7) Von I. Schade, A. Brück, 80 S., 111 Farbabb., kart. ●

Hobby Ölmalerei
Landschaft und Stilleben. (**0875**-9) Von H. Kämper, I. Becker, 80 S., 93 Farbabb., kart. ●●

Hobby Bauernmalerei
(**0436**-2) Von S. Ramos und J. Roszak, 80 S., 116 Farbf. und 28 Motivvorlagen. ●●

Bauernmalerei
Kreatives Hobby nach alter Volkskunst
(**5039**-9) Von S. Ramos, 64 S., 85 Farbfotos, Pappband. ●●

Seidenmalerei in Vollendung
(**4414**-3) Hrsg. von W. Smend, 160 S., 227 Farbfotos, 36 s/w-Fotos, geprägter Leineneinband mit Schutzumschlag, im Schuber, **DM 98,–**, S 784,–, Fr 90,20

Seidenmalerei als Kunst und Hobby
(**4264**-7) Von S. Hahn, 136 S., Farbabb., 1 s/w-Foto, Pappband. ●●●●

Hobby Seidenmalerei
(**0611**-X) Von R. Henge, 88 S., 106 Farbfotos, 28 Zeichnungen, kart. ●●

Neue zauberhafte Seidenmalerei
Motive und Anregungen aus der Natur.
(**0924**-0) Von R. Henge, 80 S., 148 Farbfotos, 27 s/w-Zeichnungen, kart. ●●

Kunstvolle Seidenmalerei
Mit zauberhaften Ideen zum Nachgestalten
(**0783**-3) Von I. Demharter, 32 S., 56 Farbfotos, Pappband. ●

Zauberhafte Seidenmalerei
Materialien · Techniken · Gestaltungsvorschläge. (**0664**-0) Von E. Dorn, 32 S., 62 Farbfotos, Pappband. ●

Aquarellieren auf Seide
Materialien · Techniken · Motive
(**0917**-8) Von I. Demharter, 32 S., 41 Farbfotos, Pappband. ●

Seidenmalerei Landschaften
(**5153**-0) Von D. Kosik, 32 S., 50 Farbfotos, 12 Zeichnungen, mit Vorlagebogen in Originalgröße, kart. ●

Seidenmalerei Kissen
(**5151**-4) Von I. Demharter, 32 S., 42 Farbfotos, 2 Zeichnungen, mit Vorlagebogen in Originalgröße, kart. ●

Seidenmalerei Blusen und T-Shirts
(**5184**-0) Von A. Keller, 32 S., 28 Farbfotos, 12 Zeichnungen, mit Vorlagebogen in Originalgröße, kartoniert. ●

Seidenmalerei Tücher und Schals
(**5152**-2) Von R. Henge, 32 S., 36 Farbfotos, 1 Zeichnung, mit Vorlagebogen in Originalgröße, kart. ●

Seidenmalerei Taschen und Gürtel
(**5194**-8) Von S. Tichy-Gibley, 32 S., 30 Farbfotos, 8 Farbzeichnungen, mit Vorlagebogen in Originalgröße, kartoniert. ●

Seidenmalerei Lampenschirme
(**5154**-9) Von I. Walter-Ammon, 32 S., 47 Farbfotos, 1 Zeichnung, mit Vorlagebogen in Originalgröße, kart. ●

Seidenmalerei Blüten, Blätter, Ranken
(**5165**-4) Von D. Kosik, 32 S., 35 Farbfotos, 4 Zeichnungen, mit Vorlagebogen in Originalgröße, kart. ●

Seidenmalerei Schmuckkarten und Miniaturbilder
(**5166**-2) Von I. Walter-Ammon, 32 S., 37 Farbfotos, 2 Zeichnungen, mit Vorlagebogen in Originalgröße, kart. ●

Seidenmalerei Bilder in Konturentechnik
(**5182**-4) Von I. Demharter, 32 S., 28 Farbfotos, 2 Zeichnungen, mit Vorlagebogen in Originalgröße, kartoniert. ●

Falken-Handbuch **Häkeln**
ABC der Häkeltechniken und Häkelmuster in ausführlichen Schritt-für-Schritt-Bildfolgen.
(**4194**-7) Von H. Fuchs, M. Natter, 288 S., 1073 Farbabb., Pappband. ●●●●●

Das moderne Standardwerk von der Expertin
Perfekt Stricken
Mit Sonderteil Häkeln. (**4250**-2) Von H. Jaacks, 256 S., 703 Farbfotos, 169 Farb- und 121 s/w-Zeichnungen, Pappband. ●●●

Falken-Handbuch Stricken
ABC der Stricktechniken und Strickmuster in ausführlichen Schritt-für-Schritt-Bildfolgen. (4137-3) Von M. Natter, 312 S., 106 Farb- und 922 s/w-Fotos, 318 Zeichnungen, Pappband. ●●●●

Hobby Patchwork und Quilten
(0768-X) Von B. Staub-Wachsmuth, 80 S., 108 Farbabb., 43 Zeichnungen, kart. ●●

Hobby Applikationen
Materialien · Techniken · Modelle
(0899-6) Von H. Probst-Reinhardt, 80 S., 92 Farbfotos, 31 Zeichnungen, kart. ●●

Hobby Spitzencollagen
Bezaubernde Motive aus edlem Material
(0847-3) Von H. Westphal, 80 S., 186 Farbfotos, kart. ●●

Falken-Handbuch Nähen
Abc der Nähtechniken und kreative Modellschneiderei in ausführlichen Schritt-für-Schritt-Bildfolgen. (4272-8) Von A. Bree, 320 S., 1142 Abbildungen, Schnittmusterbogen für alle Modelle, Pappband. ●●●●

Marionetten
selbst bauen und führen
(1043-5) Von D. Köhnen, 80 S., 162 Farbfotos, mit Schnittmusterbogen, kartoniert. ●

Zauberhafte alte Puppen
Sammeln · Restaurieren · Nachbilden
(4255-8) Von C.A. Stanton, J. Jacobs, 120 S., 157 Farbfotos, 24 Zeichnungen, Pappband. ●●●●

Selbstgestrickte Puppen
Materialien und Arbeitsanleitungen
(0638-1) Von B. Wehrle, 32 S., 21 Farbfotos, 24 Zeichnungen, Pappband. ●

Puppen zum Liebhaben
(5199-9) Von B. Wehrle, 32 S., 27 Farbfotos, 9 s/w-Zeichnungen, mit Vorlagebogen in Originalgröße, kartoniert. ●

Kuscheltiere stricken und häkeln
Arbeitsanleitungen und Modelle. (0734-5) Von B. Wehrle, 32 S., 60 Farbfotos, 28 Zeichnungen, Pappband. ●

Phantasiepuppen stricken und häkeln
Märchenhafte Modelle mit Arbeitsanleitungen. (0813-9) Von B. Wehrle, 32 S., 26 Farbfotos, 46 Zeichnungen, Pappband. ●

Teddybären
Sechs beliebte Modelle
(5159-X) Von Y. Thalheim, H. Nadolny, 32 S., 46 Farbfotos, 9 Zeichnungen, mit Vorlagebogen in Originalgröße, kart. ●

Heißgeliebte Teddybären
Selbermachen · Sammeln · Restaurieren.
(0900-3) Von H. Nadolny, Y. Thalheim, 80 S., 119 Farbfotos, 23 s/w-Zeichnungen, 14 S. Schnittmusterbogen, kart. ●●

Hobby Salzteig
(0662-4) Von I. Kiskalt, 80 S., 150 Farbfotos, 5 Zeichnungen, Schablonen, kart. ●●

Neue zauberhafte Salzteig-Ideen
(0719-1) Von I. Kiskalt, 80 S., 324 Farbfotos, 12 Zeichnungen, Schablonen, kart. ●●

Kreatives Gestalten mit Salzteig
Originelle Motive für Fortgeschrittene
(0769-8) Hrsg. I. Kiskalt, 80 S., 168 Farbfotos, kart. ●●

Originell und dekorativ
Salzteig mit Naturmaterialien
(0833-3) Von A. und H. Wegener, 80 S., 166 Farbfotos, kart. ●●

Salzteig kinderleicht
(0973-9) Von I. Kiskalt, 80 S., 224 Farbfotos, 8 Zeichnungen, kart. ●●

Töpfern
als Kunst und Hobby. (4073-3) Von J. Fricke, 132 S., 37 Farbfotos, 222 s/w-Fotos, Pappband. ●●●●

Kreatives Gestalten mit Ton
Töpfern ohne Scheibe – Aufbaukeramik
(0896-1) Von A. Riedlinger, 80 S., 207 Farbfotos, 16 Zeichnungen, 7 Vignetten, kart. ●●

Kreatives Gestalten mit Ton
Töpfern auf der Scheibe
(0971-2) Von A. Riedlinger, 80 S., 28 Farb- und 3 s/w-Zeichng., 178 Farbfotos, kartoniert. ●

Edles Porzellan
(4437-2) Von M. Lutze, Prof. E. Lessing, 160 S., 175 Farbfotos, Leineneinband, mit Schutzumschlag, im Schuber. ●●●●●

Hobby Glaskunst in Tiffany-Technik
(0781-7) Von N. Köppel, 80 S., 194 Farbfotos, 6 s/w-Abb., kart., ●●

Tiffany-Lampen selbermachen
Arbeitsanleitung · Materialien · Modelle
(0684-5) Von I. Spliethoff, 32 S., 60 Farbfotos, 19 Zeichnungen, Pappband. ●

Fensterbilder in Tiffany-Technik
(5168-9) Von P. Matz, 32 S., 43 Farbfotos, mit Vorlagebogen in Originalgröße, kart. ●

Tiffany-Schmuck selbermachen
Materialien · Arbeitsanleitungen · Modelle
(0871-6) Von B. Poludniak, H. G. Scheib, 32 S., 55 Farbfotos, Pappband. ●

Tiffany-Technik
und andere kunstvolle Arbeiten in Glas
(0972-0) Von. D. Köhnen, 80 S., 176 Farbfotos, 5 s/w-Zeichnungen, kart. ●●

Tiffany-Gürtelschnallen
(5160-3) Von G.G. Scheib, R. Grella, 32 S., 52 Farbfotos, 1 Zeichnung, mit Vorlagebogen in Originalgröße, kart. ●

Schmuck, Accessoires und Decoratives
aus Fimo modelliert (0873-2) Von A. Aurich, 32. S., 54 Farbfotos, Pappband. ●

Modeschmuck mit Federn und Straß
(5167-0) Von J. Niemeier, 32 S., 41 Farbfotos, mit Vorlagebogen in Originalgröße, kart. ●

Modeschmuck selbst modellieren
(5196-4) Von K. Eichler, 32 S., 51 Farbfotos, mit Vorlagebogen in Originalgröße, kartoniert. ●

Modeschmuck in vielen Variationen
(5180-8) Von A. Hahn, 32 S., 39 Farbfotos, 3 Zeichnungen, mit Vorlagebogen in Originalgröße, kartoniert. ●

Exklusiver Modeschmuck
aus dem eigenen Atelier
(0925-9) Von J. Niemeier, J. Klein, 80 S., 141 Farbfotos, 25 Zeichnungen, kart. ●●

Masken
phantasievoll dekorieren
(5155-7) Von Chr. Familler, 32 S., 48 Farbfotos, mit Vorlagebogen in Originalgröße, kart. ●

Bastelspaß mit der Laubsäge
Mit Schnittmusterbogen für viele Modelle in Originalgröße. (0741-8) Von L. Giesche, M. Bausch, 32 S., 61 Farbfotos, 7 Zeichnungen, Schnittmusterbogen, Pappband. ●

Strohschmuck selbstgebastelt
Sterne, Figuren und andere Dekorationen
(0740-X) Von E. Rombach, 32 S., 60 Farbfotos, 17 Zeichnungen, Pappband. ●

Hobby Drachen
bauen und steigen lassen. (0767-1) Von W. Schimmelpfennig, 80 S., 1 dreiseitige Ausklapptafel, 55 Farbfotos, 139 Zeichnungen kart. ●●

Lenkdrachen
bauen und fliegen
(1011-7) Von W. Schimmelpfennig, 64 S., 51 Farbfotos und 126 Zeichnungen, kartoniert. ●●

Drachen
Einfache Modelle für Kinder
(5156-5) Von W. Schimmelpfennig, 32 S., 11 Farbfotos, 31 Zeichnungen, mit Vorlagebogen in Originalgröße, kart. ●

Das große farbige
Bastelbuch für Kinder
(4254-X) Von U. Barff, I. Burkhardt, J. Maier. 224 S., 157 Farbfotos, 430 Farb- und 60 s/w-Zeichnungen, mit Schnittmusterbogen, Pappband. ●●●

Hobby Origami
Papierfalten für groß und klein
(0756-6) Von Z. Aytüre-Scheele, 80 S., 820 Farbfotos, kart. ●●

Neue zauberhafte Origami-Ideen
Papierfalten für groß und klein
(0805-8) Von Z. Aytüre-Scheele, 80 S., 720 Farbfotos, kart. ●●

Zauberwelt Origami
Tierfiguren aus Papier
(1045-1) Von Z. Aytüre-Scheele, 80 S., 660 Farbfotos, kartoniert. ●●

Origami –
Die Kunst des Papierfaltens. (0280-7) Von R. Harbin, 112 S., 633 Zeichnungen, 9 Fotos, kart. ●

Heut basteln wir mit Pappe und Papier
(4413-5) Von U. Barff, J. Maier, 224 S., 117 Farbfotos, 480 Farbzeichnungen, 25 s/w-Abbildungen, mit Schnittmusterbogen, Pappband. ●●●

Das große farbige Bastel- und Werkbuch
(4439-0) Von D. Rex, 256 S., 999 Farbfotos, 33 Farbzeichnungen, Pappband. ●●●●

Schritt für Schritt zum Scherenschnitt
Materialien · Techniken · Gestaltungsvorschläge. (0732-9) Von H. Klingmüller, 32 S., 38 Farbfotos, 24 Vorlagen, Pappband. ●

Fensterbilder in Scherenschnitt
(5169-7) Von A. Hahn, 32 S., 52 Farbfotos, 3 s/w-Fotos, mit Vorlagebogen in Originalgröße, kart. ●

Fensterbilder aus Papier
(5158-1) Von E. Rüscher, 32 S., 39 Farbfotos, 5 Zeichnungen, mit Vorlagebogen in Originalgröße, kart. ●

Fensterbilder Meine Lieblingstiere
(5197-2) Von Y. Thalheim, H. Nadolny, 32 S., 38 Farbfotos, mit Vorlagebogen in Originalgröße, kartoniert. ●

Die schönsten Fensterbilder
(1066-4) Von C. Kimmerle, 64 S., 100 Farbfotos, kartoniert. ●●

Perfekte Fensterbilder
(4470-4) Von S. Haenitsch-Weiß, A. Weiß, 8 vierfarbige Bogen 280-g-Karton mit Stanzung + 16 S. zweifarbige Ein/Anleitung. ●●

Märchenhafte Fensterbilder
(5185-9) Von J. Maier, 32 S., 37 Farbfotos, mit Vorlagebogen in Originalgröße, kartoniert. ●

Fensterbilder Blumen und Tiere
(5186-7) Von M. Twachtmann, 32 S., 41 Farbfotos, 3 Zeichnungen, mit Vorlagebogen in Originalgröße, kartoniert. ●

Papierflieger
(5157-3) Von T. Gött, 32 S., 73 Farbfotos, 19 Zeichnungen, mit Vorlagebogen in Originalgröße, kart. ●

Mobiles aus Papier
(5183-2) Von J. Maier, 32 S., 17 Farbfotos, 35 Farbzeichnungen, mit Vorlagebogen in Originalgröße, kart. ●

Schachteln basteln und dekorieren
(5170-0) Von Chr. Adjano, 32 S., 55 Farbfotos, mit Vorlagebogen in Originalgröße, kart. ●

4

Die große Schachtelparade
(**4438**-0) Von Present Team, 16 vierfarbige Bogen 250-g-Karton mit Schachtelstanzung mit 4 S. Einleitung. ●●●

Deco Art
Die Kunst, Geschenke zu verpacken
(**0949**-6) Von B. Niermann, 80 S., 78 Farbfotos, 191 Zeichnungen, kart. ●●

Geschenkeverpacken für Kinderfeste
(**5195**-6) Von C. Netolitzky, 32 S., 43 Farbfotos, mit Vorlagebogen in Originalgröße, kartoniert. ●

Bunte Dekorationen für den Kindergeburtstag
Mit Spielanleitung zum Fest der Tiere
(**4471**-2) Von S. Haenitsch-Weiß, A. Weiß, 8 vierfarbige Bogen 280-g-Karton mit Stanzung + 16 S., zweifarbige Ein-/Anleitung. ●●

Originelles Ambiente für Gäste
Festdekorationen
(**1049**-4) Von B. Niermann, 80 S., 125 Farbfotos, 59 Farbzeichn., kartoniert. ●●

Dekorieren und Arrangieren mit
Seidenblumen
(**5200**-6) Von M. L. Spang, 32 S., 37 Farbfotos, 14 Farbzeichn., mit Vorlagebogen in Originalgröße, kartoniert. ●

Tischkarten dekorativ gestalten
aus allerlei Material für viele Anlässe
(**0946**-1) Von H. York, 32 S., 108 Farbfotos, Pappband. ●

Glückwunschkarten
(**5179**-4) Von A. Kolb, B. Michel, 32 S., 54 Farbfotos, mit Vorlagebogen in Originalgröße, kartoniert. ●

Altes Brauchtum neu entdeckt
Schmuck-Eier
Kunstvoll gestalten und verzieren. (**0919**-0) Von I. Kiskalt, 32 S., 45 Farbfotos, 3 s/w-Zeichnungen, Pappband. ●

Dekorationen für Ostern
(**5198**-0) Von Y. Thalheim, H. Nadolny, 32 S., 48 Farbfotos, mit Vorlagebogen in Originalgröße, kartoniert. ●

Basteln für Ostern
(**5164**-6) Von Chr. Adjano, 32 S., 47 Farbfotos, mit Vorlagebogen in Originalgröße, kart. ●

Weihnachtsgeschenke schön verpacken
Schachteln · Dekorationen · Geschenkpapiere
(**4469**-0) Von Present Team, 10 vierfarbige Bogen 250-g-Karton mit Stanzung, 4 Bogen Geschenkpapier + 4 S. Einleitung. ●●●

Alle Jahre wieder…
Advent und Weihnachten
Basteln, Backen, Schmücken, Singen, Vorlesen, Feiern
(**4260**-4) Von H. und Y. Nadolny, 256 S., 105 Farbfotos, 130 Zeichn., Pappband. ●●●

Basteln und dekorieren im
Advent und Weihnachten
(**4446**-1) Von G. Teusen, C. Netolitzky, 176 S., 285 Farbfotos, mit Bastelvorlagebogen, Pappband. ●●●

Basteln für Weihnachten
(**5162**-X) Von Chr. Adjano, 32 S., 44 Farbfotos, mit Vorlagebogen in Originalgröße, kart. ●

Fensterdekorationen für die Weihnachtszeit
(**5181**-6) Von Y. Thalheim, H. Nadolny, 32 S., 33 Farbfotos, mit Vorlagebogen in Originalgröße, kartoniert. ●

Adventskalender
(**5178**-6) Von Y. Thalheim, H. Nadolny, 32 S., 35 Farbfotos, mit Vorlagebogen in Originalgröße, kartoniert. ●

Weihnachtsbasteleien
Advents- und Weihnachtsschmuck für groß und klein
(**0667**-5) Von M. Kühnle und S. Beck, 32 S., 56 Farbfotos, 6 Zeichnungen, Pappband. ●

Feuerzeichen behaglicher Wohnkultur
Kachelöfen, Kamine und Kaminöfen
(**4288**-4) Hrsg. von C. Berninghaus. Von R. Heinen, G. Kosicek, H.P. Sabborrosch, 168 S., 291 Farbfotos, 2 s/w-Fotos, 8 Zeichnungen, Pappband. ●●●●

Falken Handbuch
Heimwerken
Reparieren und Selbermachen im Haus und Wohnung – über 1100 Farbfotos. Praktische Tips vom Profi: Selbermachen, Reparieren, Renovieren, Kostensparen. (**4117**-9) Von Th. Pochert, 440 S., 1103 Farbfotos, 100 ein- und zweifarbige Abb., Pappband. ●●●●

Restaurieren von Möbeln
Stilkunde, Materialien, Techniken, Arbeitsanleitungen in Bildfolgen.
(**4120**-9) Von E. Schnaus-Lorey, 152 S., 37 Farbfotos, 75 s/w-Fotos, 352 Zeichnungen, Pappband. ●●●

Möbel aufarbeiten, reparieren und pflegen
(**0386**-2) Von E. Schnaus-Lorey, 96 S., 28 Fotos, 101 Zeichnungen, kart. ●

FALKEN-Heimwerker-Praxis
Kleinmöbel aus Holz
(**0905**-4) Von O. Maier, 128 S., 210 Farbfotos, 80 Zeichnungen, kart. ●●

FALKEN-Heimwerker-Praxis
Anstreichen und Lackieren
(**0771**-X) Von P. Müller, 120 S., 196 Farbfotos, 2 s/w-Fotos, 3 Zeichnungen, kart. ●●

FALKEN-Heimwerker-Praxis
Elektroarbeiten
(**0975**-5) Von K.H. Schubert, 120 S., 193 Farbfotos, 40 Zeichnungen, kart. ●●

Falken-Heimwerker-Praxis
Mofa- und Moped-Reparaturen
(**1008**-7) Von T. Kohlmey, 128 S., 280 Farbabbildg. und Zeichng., kartoniert. ●●

FALKEN-Heimwerker-Praxis
Fahrrad-Reparaturen
(**0796**-5) Von R. van der Plas, 112 S., 140 Farbfotos, 113 farbige Zeichnungen, kart. ●●

Ikebana
Einführung in die japanische Kunst des Blumensteckens. (**0548**-2) Von G. Vocke, 152 S., 47 Farbfotos, kart. ●●

Blütenbilder aus Blumen und Blättern
Phantasievolle Naturcollagen
(**0872**-9) Von G. Schamp, 32 S., 57 Farbfotos, 1 Zeichnung, Pappband. ●

Hobby Gewürzsträuße
und zauberhafte Gebinde nach Salzburger Art. (**0726**-4) Von A. Ott, 80 S., 101 Farbfotos, 51 farbige Zeichnungen, kart. ●

Hobby Trockenblumen
Gewürzsträuße, Gestecke, Kränze, Buketts.
(**0643**-8) Von R. Strobel-Schulze, 88 S., 170 Farbfotos, kart. ●

Neue zauberhafte Trockenblumen-Ideen
(**0821**-X) Von R. Strobel-Schulze, 80 S., 163 Farbfotos, kart. ●

Phantasievolles Schminken
Verzauberte Gesichter für Maskeraden, Laienspiele und Kinderfeste
(**0907**-0) Hrsg.: H. u. Y. Nadolny, 64 S., 227 Farbfotos, kartoniert. ●●

Schminken für Kinder
(**5177**-8) Von Y. Thalheim, H. Nadolny, 32 S., 68 Farbfotos, mit Vorlagebogen in Originalgröße, kartoniert. ●

Mit vollem Genuß **Pfeife rauchen**
Alles über Tabaksorten, Pfeifen und Zubehör
(**4227**-2) Von H. Behrens, H. Frickert, 168 S., 127 Farbfotos, 18 Zeichn., Pappband. ●●●●

Pfeiferauchen leicht gemacht
Die richtige Art, Tabak zu genießen
(**1026**-5) Von O. Pollner, 112 S., 125 Farbfotos, 5 zweifarbige-Abb., kart. ●●

Münzen
Ein Brevier für Sammler. (**0353**-6) Von E. Dehnke, 128 S., 4 Farbtafeln, 17 s/w-Abb., kart. ●●

Die Faszination der Philatelie
Briefmarken sammeln
(**4273**-6) Von D. Stein, 212 S., 124 s/w-Fotos, 24 Farbtafeln, Pappband. ●●●

Briefmarken sammeln
(**0481**-8) Von D. Stein. 120 S., 4 Farbtafeln, 98 s/w-Abb., kart. ●

Freizeit mit dem Mikroskop
(**0291**-2) Von M. Deckart, 132 S., 8 Farbtafeln, 64 s/w-Abb., 2 Zeichnungen, kart. ●●

Astronomie im Bild
Unser Sternenhimmel rund ums Jahr
(**0849**-X) Von Dr. E. Übelacker, 88 S., 48 Farbfotos, 1 s/w-Foto, 68 Farbzeichn., kart. ●●

Astronomie als Hobby
Sternbilder und Planeten erkennen und benennen. (**0572**-5) Von D. Block, 176 S., 16 Farbtafeln, 49 s/w-Fotos, 93 Zeichnungen, kart. ●●

Moderne Fotopraxis
(**4401**-1) Von G. Koshofer, Prof. H. Wedewardt, 224 S., 363 Farbfotos, 106 s/w-Fotos, 5 Farb- und 24 s/w-Zeichnungen, Pappband. ●●●

Mach dir ein Bild
Praxistips für Foto, Film und Video
(**4410**-0) Von G. Staab, 208 S., 202 Farbfotos, 175 s/w-Fotos, 1 Zeichnung, Pappband. ●●●

So macht man bessere Fotos
Das meistverkaufte Fotobuch der Welt
(**0614**-4) Von M. L. Taylor, 192 S., 457 Farbfotos, 8 s/w-Fotos, 7 Zeichnungen, kart. ●●

Aktfotografie
Interpretationen zu einem unerschöpflichen Thema. Gestaltung · Technik · Spezialeffekte.
(**0737**-X) Von H. Wedewardt, 88 S., 144 Farb- und 6 s/w-Fotos, 6 Zeichnungen, kart. ●●

Videografieren
Filmen mit Video 8. Technik – Bildgestaltung – Schnitt – Vertonung. (**0843**-0) Von M. Wild, K. Möller, 120 S., 101 Farbfotos, 22 s/w-Fotos, 52 Zeichnungen, kart. ●●

Videografieren perfekt
Profitricks für Aufnahmetechnik und Nachbearbeitung
(**0969**-0) Von W. Schild, 120 S., 144 Farbabb., 5 s/w-Zeichnungen, kart. ●●●

Schmalfilmen
Ausrüstung · Aufnahmepraxis · Schnitt · Ton.
(**0342**-0) Von U. Ney, 108 S., 4 Farbtafeln, 25 s/w-Fotos, kart. ●

Anlagenbau in Modultechnik
für Modelleisenbahnen und Dioramen.
(**0845**-7) Von J. Thal, 104 S., 68 Farbfotos, 28 Zeichnungen, kart. ●●●

Kleine Welt auf Rädern
Das faszinierende Spiel mit **Modelleisenbahnen** (**4175**-6) Von F. Eisen, 256 S., 72 Farb- und 180 s/w-Fotos, 25 Zeichnungen, Pappband. ●●●

Elektronik als Hobby
Von der Grundlagenschaltung zum integrierten Schaltkreis
Mit 8 wichtigen Universalplatinen
(**4293**-0) Von W. Priesterath, 264 S., 80 s/w-Fotos, 128 Zeichn., Pappband. ●●●

Die Super-Sportwagen der Welt
(4423-2) Von H.G. Isenberg, 194 S., 184
Farbfotos, 4 farbige Ausklapptafeln,
32 s/w-Fotos, Pappband. ●●●●

Die Super Oldtimer der Welt
(4465-8) Von H. G. Isenberg, 194 S., 161
Farb- und 36 s/w-Fotos, 4 Ausklapptafeln,
Pappband. ●●●●

Die Super-Trucks der Welt
(4257-4) Von H. G. Isenberg, 194 S., 205
Farbfotos, 87 s/w-Fotos, 7 Farbzeichnungen,
4 farb. Ausklapptafeln, Pappband. ●●●●

Die Super-Motorräder der Welt
(4193-4) Von H. G. Isenberg, 192 S., 170
Farb- und 100 s/w-Fotos, 8 Zeichnungen,
Pappband. ●●●●

Die Super-Eisenbahnen der Welt
(4287-6) Von W. Kosak, H. G. Isenberg, 224
S., 269 Farbfotos, 79 s/w-Fotos, 8 Vignetten,
5 farb. Ausklapptafeln, Pappband. ●●●●

Sport und Fitneß

Neue Lehrmethoden der Judo-Praxis
(0424-9) Von P. Herrmann, 223 S., 475 Abb.,
kart. ●

Judo
Grundlagen - Methodik. (0305-6) Von M.
Ohgo, 208 S., 1025 Fotos, kart. ●●

Fußwürfe
für Judo, Karate und Selbstverteidigung.
(0439-7) Von H. Nishioka, übers. von H.J.
Heese, 96 S., 260 Abb., kart. ●●

Modernes Karate
Das große Standardwerk mit 2279 Abbildungen. (4280-9) Von T. Okazaki, Dr. med.
M. V. Stricevic, übers. von M. Pabst, 376 S.,
2279 s/w-Abb., Pappband. ●●●●●

Nakayamas Karate perfekt 1
Einführung. (0487-7) Von M. Nakayama,
136 S., 605 s/w-Fotos, kart. ●●

Nakayamas Karate perfekt 2
Grundtechniken. (0512-1) Von M. Nakayama, 136 S., 354 s/w-Fotos, 53 Zeichn., kart.
●●

Nakayamas Karate perfekt 3
Kumite 1: Kampfübungen. (0538-5) Von M.
Nakayama, 128 S., 424 s/w-Fotos, kart. ●●

Nakayamas Karate perfekt 4
Kumite 2: Kampfübungen. (0547-4) Von M.
Nakayama, 128 S., 394 s/w-Fotos, kart. ●●

Nakayamas Karate perfekt 5
Kata 1: Heian, Tekki. (0571-7) Von M. Nakayama, 144 S., 1229 s/w-Fotos, kart. ●●

Nakayamas Karate perfekt 6
Kata 2: Bassai-Dai, Kanku-Dai, (0600-4) Von
M. Nakayama, 144 S., 1300 s/w-Fotos,
107 Zeichnungen, kart. ●●

Nakayamas Karate perfekt 7
Kata 3: Jitte, Hangetsu, Empi. (0618-7) Von
M. Nakayama, 144 S., 1988 s/w-Fotos,
105 Zeichnungen, kart. ●●

Nakayamas Karate perfekt 8
Gankaku, Jion. (0650-0) Von M. Nakayama,
144 S., 1174 s/w-Fotos, 99 Zeichnungen,
kart. ●●

Karate für alle
Karate-Selbstverteidigung in Bildern.
(0314-5) Von A. Pflüger, 104 S., 323
s/w-Fotos, kart. ●●

Fit mit Karate
(2308-1) Von A. Pflüger, 96 S., 134 Farbfotos,
4 s/w-Zeichnungen, kart. ●●

25 Shotokan-Katas
Auf einen Blick: Karate-Katas für Prüfungen
und Wettkämpfe. (0859-7) Von A. Pflüger,
88 S., 185 s/w-Abb., 24 ganzseitige Tafeln
mit über 1.600 Einzelschritten, kart. ●●

Kontakt-Karate
Ausrüstung · Technik · Training. (0396-X)
Von A. Pflüger, 112 S., 238 s/w-Fotos, kart.
●●

Bo-Karate
Habo-Jitsu – die Techniken des Stock-
kampfes. (0447-8) Von G. Stiebler, 176 S.,
424 s/w-Fotos, 38 Zeichnungen, kart. ●●

Karate 1
Einführung · Grundtechniken. (0227-0) Von
A. Pflüger, 144 S., 195 s/w-Fotos, 120 Zeich-
nungen, kart. ●

Karate 2
Kombinationstechniken · Katas. (0239-4)
Von A. Pflüger, 176 S., 452 s/w-Fotos und
Zeichnungen,kart. ●

Karate Kata 1
Heian 1–5, Tekki 1, Bassai Dai. (0683-7) Von
W.-D. Wichmann, 164 S., 703 s/w-Fotos,
kart. ●

Karate Kata 2
Jion, Empi, Kanku-Dai, Hangetsu. (0723-X)
Von W.-D. Wichmann, 140 S., 661 s/w-Fotos,
4 Zeichnungen, kart. ●●

Der König des Kung-Fu
Bruce Lee
Sein Leben und Kampf. (0392-7) Von L. Lee,
136 S., 104 s/w-Fotos, kart. ●●

Bruce Lees Kampfstil 1
Grundtechniken. (0473-7) Von B. Lee,
M. Uyehara, 109 S., 220 Abb., kart. ●

Bruce Lees Kampfstil 2
Selbstverteidigungs-Techniken. (0486-9)
Von B. Lee, M. Uyehara, 128 S., 310 Abb.,
kart. ●

Bruce Lees Kampfstil 3
Trainingslehre. (0503-2) Von B. Lee,
M. Uyehara, 112 S., 246 Abb., kart. ●

Bruce Lees Kampfstil 4
Kampftechniken (0523-7) Von B. Lee,
M. Uyehara, 104 S., 211 Abb., kart. ●

Kung-Fu 1
Legende · Philosophie · Grundtechniken
(0891-0) Von Chr. Yim, 152 S., 401
s/w-Fotos, 2 s/w-Zeichnungen, kart. ●●

Kung-Fu und Tai-Chi
Grundlagen und Bewegungsabläufe.
(0367-6) Von B. Tegner, 182 S., 370
s/w-Fotos, kart. ●●

Kung-Fu
Grundlagen · Bewegungsabläufe · Körper-
schule. (0376-5) Von M. Pabst, 160 S.,
330 Abb., kart. ●●

Bruce Lees Jeet Kune Do
(0440-0) Von B. Lee, 192 S., mit 105 eigen-
händigen Zeichnungen von B. Lee, kart. ●●

Shaolin-Kempo – Kung-Fu
Chinesisches Karate im Drachenstil.
(0395-1) Von R. Czerni, K. Konrad, 246 S.,
723 Abb., kart. ●

Kickboxen
Fitneßtraining und Wettkampfsport.
(0795-2) Von G. Lemmens, 96 S.,
208 s/w-Fotos, 23 Zeichnungen, kart. ●●

Ninja 1
Die Lehre der Schattenkämpfer. (0758-2)
Von S.K. Hayes, übers. von J. Schmit, 144 S.,
137 s/w-Fotos, kart. ●

Ninja 2
Die Wege zum Shoshin (0763-9) Von S.K.
Hayes, übers. von J. Schmit, 160 S.,
309 s/w-Fotos, 2 Zeichnungen, kart. ●●

Ninja 3
Der Pfad des Togakure-Kämpfers. (0764-7)
Von S.K. Hayes, übers. von J. Schmit, 144 S.,
197 s/w-Fotos, 2 Zeichnungen, kart. ●●

Ninja 4
Das Vermächtnis der Schattenkämpfer
(0807-4) Von S.K. Hayes, übers. von J.
Schmit, 196 S., 466 s/w-Fotos, kart. ●●

Taekwondo perfekt 1
Die Formenschule bis zum Blaugurt
(0890-2) Von K. Gil, Kim Chul-Hwan, 176 S.,
439 s/w-Fotos, 107 Zeichnungen, kart. ●●

Taekwondo perfekt 2
Die Formenschule vom Blau- bis zum
Schwarzgurt
(0976-3) Von K. Gil, K. Chul-Hwan, 192 S.,
461 s/w-Fotos, 112 Zeichnungen, kart. ●●

Taekwondo perfekt 3
(1068-0) Von K. Gil, K. Chul-Hwan, 200 S.,
429 s/w-Fotos, kartoniert. ●●

Illustriertes Handbuch des Taekwondo
Koreanische Kampfkunst und Selbstverteidi-
gung. (4053-9) Von K. Gil, 248 S., 1026
Abb., Pappband. ●●●

Taekwon-Do
Koreanischer Kampfsport. (0347-1) Von K.
Gil, 152 S., 408 Abb., kart. ●●

Ju-Jutsu als Wettkampf
(0826-0) Von G. Kulot, 168 S., 418 s/w-Fotos,
2 Zeichnungen, kart. ●●

Ju-Jutsu 1
Grundtechniken - Moderne Selbstverteidigung. (0276-9) Von W. Heim, F.J. Gresch,
345 S., 450 s/w-Fotos, 8 Zeichn., kart. ●

Ju-Jutsu 2
für Fortgeschrittene und Meister. (0378-1)
Von W. Heim, F. J. Gresch, 160 S., 798
s/w-Fotos, kart. ●●

Ju-Jutsu 3
Spezial-, Gegen- und Weiterführungs-Techni-
ken · Stockkampfkunst. (0485-0) Von W.
Heim, F.J. Gresch, 200 S., über 600
s/w-Fotos, kart. ●●

Aikido
Lehren und Techniken des harmonischen
Weges. (0537-7) Von R. Brand, 280 S.,
697 Abb., kart. ●●

Hap Ki Do
Koreanische Selbstverteidigung nach dem
Lehrsystem des Großmeisters. (0379-X) Von
Kim Sou Bong, 112 S., 152 Abb., kart. ●●

Dynamische Tritte
Grundlagen für den Zweikampf. (0438-9)
Von C. Lee, 96 S., 398 s/w-Fotos, 10 Zeich-
nungen, kart. ●

Selbstverteidigung
Abwehrtechniken für Sie und Ihn (0853-8)
Von E. Deser, 96 S., 259 s/w-Fotos, kart. ●

Die Faszination athletischer Körper
Bodybuilding
mit Weltmeister Ralf Möller. (4281-7) Von
R. Möller, 128 S., 169 Farbfotos,
14 s/w-Fotos, 1 Farbzeichn., Pappband.
●●●●

Bodyshaping · Bodybuilding
Mit Anja Albrecht zur Idealfigur. (4405-4)
Von A. Albrecht, 128 S., 164 Farbfotos,
4 s/w-Fotos, 1 Farb- und 1 s/w-Zeichnung,
Pappband. ●●●●

Ladyfitneß
Das neue Körperbewußtsein der Frau
Bodyshaping · Körperpflege · Ernährung ·
Entspannung
(4433-X) Von Prof. Dr. S. Starischka, B.
Grabis, D. von Gramm, G.W. Kienitz,
ca. 128 S., ca. 113 Farbfotos, Pappband.
●●●

Bodybuilding für Frauen
Wege zu Ihrer Idealfigur (0661-6) Von H.
Schulz, 112 S., 84 s/w-Fotos, 4 Zeichnungen,
kart. ●

Fit mit Bodybuilding
(2314-6) Von L. Spitz, 112 S., 203 Farbabbildungen, 10 Tabellen. ●●

Bodybuilding Anleitung zum Muskel- und
Konditionstraining für sie und ihn.
(0604-7) Von R. Smolana, 160 S.,
171 s/w-Fotos, kart. ●

Hanteltraining zu Hause
(**0800**-7) Von W. Kieser, 80 S., 71 s/w-Fotos, 4 Zeichnungen, kart. ●

Leistungsfähiger durch Krafttraining
Eine Anleitung für Fitness-Sportler, Trainer und Athleten (**0617**-9) Von W. Kieser, 96 S., 20 s/w-Fotos, 62 Zeichnungen, kart. ●

Fit und gesund
Fitneßtraining und Bodybuilding zu Hause. Trainingsprogramme für Ihr Wohlbefinden. (**0782**-5) Von Prof. Dr. S. Starischka, 80 S., 100 Farbfotos, 3 Zeichnungen, kart. ●●

Optimale Ernährung
für Krafttraining und Budybuilding. (**0912**-7) Von B. Dahmen, 88 S., 8 Farbt., 8 Zeichnungen, kart. ●

Fit mit Bio-Training
für Kraft, Ausdauer und Schnelligkeit (**2310**-1) Von L. Spitz, 112 S., 197 Farbfotos, 11 Farb- und 4 s/w-Zeichnungen, kart. ●●

Top-Form im Sport
Ernährungs-Training
Das Erfolgsprogramm für den Ausdauersportler. (**0945**-3) Von M. Inzinger, Dipl.-Oec. troph. G. Wagner, 160 S., 31 Farbzeichnungen, 16 Grafiken, kart. ●●

Gesund und fit durch **Konditionstraining und Wirbelsäulengymnastik**
(**0844**-9) Von R. Milser u. K. Grafe, 104 S., 99 Farbfotos, 12 Farbzeichnungen, 5 s/w-Zeichnungen, kart. ●●

Fit mit Tai Chi
als sanfte Körpererfahrung (**2305**-7) Von B. u. K. Moegling, 112 S., 121 Farbfotos, 6 Farb- u. 4 s/w-Zeichnungen, kart. ●●

Isometrisches Training
Übungen für Muskelkraft und Entspannung. (**0529**-6) Von L. M. Kirsch, 140 S., 162 s/w-Fotos, kart. ●

Stretching
Mit Dehnungsgymnastik zu Entspannung. Geschmeidigkeit und Wohlbefinden. (**0717**-5) Von H. Schulz, 80 S., 90 s/w-Fotos, kart. ●

Fit mit Stretching
(**2304**-9) Von B. Kurz, 96 S., 255 Farbfotos, kart. ●●

Gesund und fit durch Gymnastik
(**0366**-8) Von H. Pilss-Samek, 88 S., 130 Abb., kart. ●

Fit und frisch
Gymnastik für die ganze Familie (**6501**-9) Von G. Sieber, 104 S., 306 Farbfotos, 5 Farbzeichnungen, kart., mit Audiokassette, Laufzeit 30 Min., ●●●

Fit mit Frank Elstner
Das neue Aktiv-Programm
(**4430**-5) Hrsg. von Frank Elstner, fachl. Mitarbeiter Prof. Dr. S. Starischka u. a., 184 S., 215 Farbfotos, 72 Zeichnungen, 8 farbige Grafiken. ●●●●

Fit mit Laufen
(**2315**-4) Von W. Sonntag, 96 S., 60 Farbfotos, 8 Farbzeichnungen, kart. ●●

Spaß am Laufen
Jogging für die Gesundheit. (**0470**-2) Von W. Sonntag. 140 S., 41 s/w-Fotos, 1 Zeichnung, kart. ●

Fit mit Sportschießen
(**2312**-X) Von H. Gabelmann, ca. 112 S., ca. 100 Farbabbildungen, kart. ●●

Fechten
Florett · Degen · Säbel. (**0449**-4) Von E. Beck, 88 S., 185 Fotos, 10 Zeichnungen, kart. ●●

Fit mit Sportabzeichen
(**2307**-3) Von G. Hennige, 104 S., 107 Farbfotos, kart. ●●

Volleyball
Technik · Taktik · Regeln. (**0351**-X) Von H. Huhle, 104 S., 330 Abb., kart. ●

Fit mit Volleyball
(**2302**-2) Von Dr. A. Scherer, 104 S., 27 Farb- und 1 s/w-Foto, 12 Farb- und 29 s/w-Zeichnungen, kart. ●

Fit mit Fußball
(**2309**-X) Von H. Obermann, P. Walz, 112 S., 47 Farbfotos, 18 Farb- und 25 s/w-Zeichnungen, kart. ●●

Handball
Technik · Taktik · Regeln. (**0426**-5) Von F. und P. Hattig, 128 S., 91 s/w-Fotos, 121 Zeichnungen, kart. ●●

Die neue Tennis-Praxis
Der individuelle Weg zu erfolgreichem Spiel. (**4097**-0) Von R. Schönborn, 240 S., 202 Farbzeichnungen, 31 s/w-Abb., Pappband. ●●●●

Tennis
Technik · Taktik · Regeln. (**0375**-7) Von W. u. S. Taferner, 112 S., 81 Abb., kart. ●

Tischtennis-Technik
Der individuelle Weg zu erfolgreichem Spiel. (**0775**-7) Von M. Perger, 144 S., 296 Abb. kart. ●●

Badminton
Technik · Taktik · Training. (**0699**-3) Von K. Fuchs, L. Sologub, 168 S., 51 Abb., kart., ●●

Squash
Ausrüstung · Technik · Regeln. (**0539**-X) Von D. von Horn, H.-D. Stünitz, 96 S., 55 s/w-Fotos, 25 Zeichnungen, kart. ●

Fit mit Squash
(**2311**-1) Von P. Langhammer, R. Michna, 96 S., 86 Farbfotos, 13 Farbzeichnungen, kart. ●●

Eishockey
Lauf- und Stocktechnik, Körperspiel, Taktik, Ausrüstung und Regeln. (**0414**-1) Von J. Čapla, 264 S., 548 s/w-Fotos, 163 Zeichnungen, kart. ●●

Golf
Ausrüstung und Technik. (**0343**-9) Von J.C. Jessop, übersetzt von H. Biemer, mit einem Vorwort von H. Krings, Präsident des Deutschen Golf-Verbandes, 96 S., 57 Abb., Anhang Golfregeln des DGV, kart. ●●

Pool-Billard
(**0484**-2) Herausgegeben vom Deutschen Pool-Billard-Bund. Von M. Bach, K.-W. Kühn, 104 S., 64 Abb., kart. ●

Tanzstunde
Das Welttanzprogramm leicht gelernt (**4409**-2) Von G. Hädrich, 164 S., 489 s/w-Fotos, 63 Zeichnungen, Pappband. ●●●

Wir lernen tanzen
Standard- und lateinamerikanische Tänze (**0200**-9) Von E. Fern, 152 S., 119 s/w-Fotos, 47 Zeichnungen, kart. ●●

Fit mit Tanzen
(**2303**-0) Von K. Richter, H. Kleinow, 96 S., 102 Farbfotos, kart. ●●

Dancing
Moderne Discotänze: mit Mambo und Salsa (**0977**-1) Von B. und F. Weber, 96 S., 207 s/w-Fotos, kart. ●●

Jive
(**5174**-3) Von Peter Wolff, 32 S., 66 Farbfotos, 7 Zeichng., mit Tanzteppich, kartoniert. ●

Cha-Cha-Cha
(**5177**-9) Von Peter Wolff, 32 S., 51 Farbfotos, 10 Zeichnungen, mit Tanzteppich, kartoniert. ●

Foxtrott
(**5172**-7) Von Peter Wolff, 32 S., 55 Farbfotos, 10 Zeichnungen, mit Tanzteppich, kartoniert. ●

Langsamer Walzer
(**5173**-5) Von Wolff, 32 S., 50 Farbfotos, 10 Zeichnungen, mit Tanzteppich, kartoniert. ●

Dirty Dancing
Step by Step leicht gelernt (**0992**-5) Von D. Glück, G. Teusen, 80 S., 140 Farbfotos, kart. ●●

Anmutig und fit durch
Bauchtanz
(**0911**-9) Von Marta, 120 S., 229 Farbfotos, 6 s/w-Zeichnungen, kart. ●●

Sporttauchen
Theorie und Praxis des Gerätetauchens (**0647**-0) Von S. Müßig, 144 S., 8 Farbtafeln, 35 s/w-Fotos, 89 Zeichnungen, kart. ●●

Angelfischerei von Aal bis Zander
Fische · Geräte · Technik. (**0324**-2) Von H. Oppel, 72 S., 16 Farbt., 9 s/w-Abb., kart. ●●

Angeln
Kleine Fibel für den Sportfischer. (**0198**-3) Von E. Bondick, 80 S., 4 Farbt., 116 Abb., kart. ●

Falken-Handbuch Angeln
in Binnengewässern und im Meer. (**4090**-3) Von H. Oppel, 344 S., 24 Farbtafeln, 66 s/w-Fotos, 151 Zeichn., gebunden. ●●●●

Funboard-Surfen
Material · Technik · Regatten · Internationale Reviere. (**4297**-3) Von J. Evans, 144 S., 106 Farbfotos, 9 Farbzeichnungen, 68 zweifarbige und 5 s/w-Zeichnungen, kart. ●●●

Fit mit
Surfen
(**2317**-3) Von H. Mönster, K.-H. Eden, B. Bohr, 104 S., 110 Farbfotos, 23 s/w-Zeichnungen, kartoniert. ●●

TELESKI
Skigymnastik perfekt
(**1037**-0) Von M. Vorderwülbecke, G. Kern, 120 S., 220 Farbfotos, 16 farbige Grafiken, 19 Farbzeichnungen, kartoniert. ●●

Fibel für Kegelfreunde
Sport- und Freizeitkegeln · Bowling (**0191**-6) Von G. Bocsai, 72 S., 62 Abb., kart. ●

Fit mit Kegeln
(**2301**-4) Von G. Gromann, 96 S., 51 Farbfotos, 50 Farb- und 4 s/w-Zeichnungen, kart. ●●

Beliebte und neue Kegelspiele
(**0271**-8) Von H. Regulski, 92 S., 62 Abb., kart. ●

111 spannende Kegelspiele
(**2031**-7) Von H. Regulski, 80 S., 53 Zeichnungen, kart. ●

Schach

Einführung in das Schachspiel
(**0104**-5) Von W. Wollenschläger und K. Colditz, 112 S., 116 Diagramme, kart. ●

Falken-Handbuch
Schach
(**4051**-2) Von T. Schuster, 360 S., über 340 Diagramme, gebunden. ●●●●

Spielend Schach lernen
(**2002**-3) Von T. Schuster, 96 S., kart. ●

Kinder- und Jugendschach
Offizielles Lehrbuch des Deutschen Schachbundes zur Erringung der Bauern-, Turm- und Königsdiplome. (**0561**-X) Von B.J. Withuis, H. Pfleger, 144 S., 220 Zeichnungen und Diagramme, kart. ●●

Zug um Zug
Schach für jedermann 1
Offizielles Lehrbuch des Deutschen Schachbundes zur Erringung des Bauerndiploms. (**0648**-9) Von H. Pfleger, E. Kurz, 80 S., 24 s/w- Fotos, 8 Zeichn., 60 Diagramme, kart. ●

FALKEN-Software
Zug um Zug
Schach für jedermann 1
(**7015**-2) Wendediskette für C 64 / C 128 PC,
mit Begleitheft. ●●●˙

(**7005**-1) Wendediskette für Atari ST
520/1040 mit Begleitheft. ●●●●●˙

Zug um Zug
Schach für jedermann 2
Offizielles Lehrbuch des Deutschen Schachbundes zur Erringung des Turmdiploms.
(**0659**-4) Von H. Pfleger, E. Kurz, 124 S.,
7 s/w-Fotos, 13 Zeichnungen, 78 Diagramme, kart. ●

Zug um Zug
Schach für jedermann 3
Offizielles Lehrbuch des Deutschen Schachbundes zur Erringung des Königdiploms.
(**0728**-0) Von H. Pfleger, G. Treppner, 128 S.,
4 s/w-Fotos, 84 Diagramme, 10 Zeichnungen, kart. ●

Schach für Fortgeschrittene
Taktik und Probleme des Schachspiels
(**0219**-X) Von R. Teschner, 88 S., 85 Diagramme, kart. ●

Neue Schacheröffnungen
(**0478**-8) Von T. Schuster 104 S., 100 Diagramme, kart. ●

**Lehr-, Übungs- und Testbuch der Schach-
kombinationen**
(**0649**-7) Von K. Colditz, 184 S., 227 Diagramme, kart. ●

Erfolgreiche Schachlehre
Eröffnungs- und Mittelspielstrategie
(**0991**-7) Von D. Bronstein, 254 S., 201 Diagramme, Pappband. ●

Faszinierendes Schach
(**0989**-5) Von I. Linder, 285 S., 295 Diagramme, Pappband. ●●

Die hohe Schule der
Schachkombinationen
(**0920**-8) Von W. Golz, P. Keres, 272 S.,
322 Diagramme, Pappband. ●●

Schwerfiguren greifen ein
(**0979**-8) Von J. Damski, 184 S., 244 Diagramme, Pappband. ●●

Sizilianisch siegen
durch die Kunst der Verteidigung
(**0990**-2) Von M. Taimanow, 160 S.,
124 Diagramme, Pappband. ●●

Schnelle Schachsiege
Das meisterliche Gambitspiel
(**1038**-9) Von S. Samarian, 28 S., 125 Diagramme, kartoniert. ●●

Offizielles Lehrbuch des Deutschen
Schachbundes
Das systematische Schachtraining
Trainingsmethoden, Strategien und Kombi-
nationen. (**0857**-0) Von Sergiu Samarian,
152 S., 159 Diagramme, 1 Zeich., kart. ●●

Taktische Schachendspiele
(**0752**-3) Von J. Nunn, 208 S., 152 Diagramme, kart. ●●

Schachstrategie
Ein Intensivkurs mit Übungen und ausführlichen Lösungen. (**0584**-9) Von A. Koblenz,
dt. Bearb. von K. Colditz, 212 S., 240 Diagramme, kart. ●●

Schachtraining mit den Großmeistern
(**0670**-5) Von H. Bouwmeester, 128 S., 90
Diagramme, kart. ●

**Die besten Partien deutscher Schach-
großmeister**
(**4121**-7) Von H. Pfleger, 192 S., 29 s/w-Fotos,
89 Diagramme, Pappband. ●●●

So denkt ein Schachmeister
Strategische und taktische Analysen.
(**0915**-1) Von H. Pfleger, G. Treppner, 120 S.,
75 Diagramme, kart. ●●

Schach als Kampf
Meine Spiele und mein Weg. (**0729**-9) Von
G. Kasparow, 144 S., 95 Diagramme,
9 s/w-Fotos, kart. ●●

Kasparows Schacheröffnungen
(**1021**-4) Von O. Borik, 136 S., 16 s/w-Fotos,
kartoniert. ●●

Helmut Pflegers
Schachkabinett
Amüsante Aufgaben – überraschende
Lösungen. (**0877**-5) Von H. Pfleger, 160 S.,
118 Diagramme, kart. ●●

Schach mit dem Computer
(**0747**-7) Von D. Frickenschmidt, 140 S.,
112 Diagramme, 29 s/w-Fotos, 5 Zeichnungen, kart. ●●

FALKEN-Software
Das komplette Schachprogramm
Spielen, Trainieren, Problemlösen mit dem
Computer. (**7006**-3) Von J. Egger, Diskette
für C 64, C 128 PC, mit Begleitheft.
●●●●●˙

Mensch und Gesundheit

Total verknallt ... und keine Ahnung?
Alles über Liebe, Sex und Zärtlichkeit
(**1024**-9) Von H. Bruckner, R. Rathgeber, 104
S., 38 Abbildungen, kartoniert. ●●

Sinnliche Liebe
Sex und Partnerschaft
(**4436**-4) Von Dr. A. Stanway, 160 S., 60 vierfarbige Illustrationen, Pappband. ●●●●

Streicheleinheiten für Körper und Seele
Partner Massage
(**4444**-5) Von Chr. Unseld-Baumanns, 136 S.,
145 Farbfotos, Pappband. ●●●●

Der moderne Ratgeber
Wir werden Eltern
Schwangerschaft · Geburt · Erziehung des
Kleinkindes. (**4269**-8) Von B. Nees-Delaval,
376 S., 335 2-farbige Abb., Pappband.
●●●●

Wenn Sie ein Kind bekommen
(**4003**-2) Von U. Klamroth, Dr. med. H. Oster,
240 S., 86 s/w-Fotos, 30 Zeich., kart. ●●●

Wenn der Mensch zum Vater wird
Ein heiter-besinnlicher Ratgeber
(**4259**-0) Von D. Zimmer, 160 S., 20 Zeichnungen, Pappband. ●●

Vorbereitung auf die Geburt und
Schwangerschaftsgymnastik
Atmung, Rückbildungsgymnastik.
(**0251**-3) Von S. Buchholz, 112, S., 98
s/w-Fotos, kart. ●

Yoga für Schwangere
Der Weg zur sanften Geburt
(**0777**-9) Von V. Bolesta-Hahn, 112 S., 76
zweifarbige Abb., kart. ●●

Die Kunst des Stillens
nach neuesten Erkenntnissen (**0701**-9) Von
Prof. Dr. med. E. Schmidt, S. Brunn, 112 S.,
20 Fotos und Zeichnungen, kart. ●

Das Babybuch
Pflege · Ernährung · Entwicklung
(**0531**-8) Von A. Burkert, 96 S., 76 zweifrg.
Zeich., 22 s/w-Zeich., kart. ●●

Babyfitness
Massage, Spiele, Gymnastik und Schwim-
men für Kinder im 1. Lebensjahr
(**1034**-6) Von G. Zeiß, 112 S., 179 zweifarbige
Illustrationen, kartoniert. ●●

Wenn Kinder krank werden
Medizinischer Ratgeber für Eltern
(**4240**-X) Von Dr. med. I.J. Chasnoff, B. Nees-
Delaval, 232 S., 163 Zeichn., Pbd.. ●●●

FALKEN-Software
Ego-Tests
Sich und andere besser erkennen und
verstehen. (**7012**-8) Diskette für IBM PC
kompatibel (MS DOS) mit Begleitheft.
●●●●●˙

Bildatlas des menschlichen Körpers
(**4177**-2) Von G. Pogliani, V. Vannini, 112 S.,
402 Farbabb. 28 s/w-Fotos, Pappband. ●●●

**Das moderne Hausbuch der
Naturheilkunde**
Neueste Erkenntnisse der Ganzheitsmedizin
von Akupressur bis Zelltherapie
(**4403**-8) Von G. Leibold, 448 S., 263 Farbzeichn., 15 s/w-Fotos, Pappband. ●●●●●

Pillenpreise unverblümt
Rezeptfreie Medikamente:
Medizinische Grundlagen · Wirkungen ·
Risiken · Preisübersicht
(**4426**-7) Von Dr. rer.nat. K. Mayer, 248 S.,
franz. Broschur. ●●●

Ratgeber Aids
Entstehung, Ansteckung, Krankheitsbilder,
Heilungschancen, Schutzmaßnahmen
(**0803**-1) Von B. Baartman, Vorwort von
Dr. med. H. Jäger, 112 S., 8 Farbtafeln, 4 Gra-
fiken, kart. ●●

Nahrungsmittelallergien
So ernähren Sie sich richtig!
(**0913**-5) Von Priv-Doz.Dr.med.Dr.med.habil.
J. von Mayenburg, Prof. Dr. med. Dr. phil. S.
Borelli, E. Polster, 136 S., kart. ●●

Diabetes
Krankheitsbild, Therapie, Kontrollen,
Schwangerschaft, Sport, Urlaub, Alltagspro-
bleme, Neueste Erkenntnisse der Diabetes-
forschung. (**0895**-3) Von Dr. med. H.J.
Krönke, 120 S., 4 Farbtafeln, 14 s/w-Fotos,
13 s/w-Zeichnungen, kart. ●●

Rheuma und Gicht
Krankheitsbilder, Behandlung, Therapieverfahren, Selbstbehandlung. Richtige Lebensführung und Ernährung. (**0712**-4) Von Dr. J.
Höder, J. Bandick, 104 S., kart. ●

Asthma
Pseudokrupp, Bronchitis und Lungenemphy-
sem. (**0778**-7) Von Prof. Dr. med. W.
Schmidt, 120 S., 56 Zeichnungen, kart. ●

Krampfadern
Ursachen, Vorbeugung, Selbstbehandlung,
Therapieverfahren. (**0727**-2) Von Dr. med. K.
Steffens, 112 S., 38 Abb., kart. ●

Gallenleiden
Krankheitsbilder, Behandlung, Therapieverfahren, Selbstbehandlung. Richtige Lebensführung und Ernährung. (**0673**-X) Von Dr.
med. K. Steffens, 104 S., 34 Zeichnungen,
kart. ●

Arteriosklerose
Risikofaktoren/Vorbeugung/Therapie
Richtige Ernährung bei erhöhtem Cholester-
inspiegel
(**1020**-6) Von Prof. Dr. med. G. Assmann, Dr.
troph. U. Wahrburg, 192 S., 84 farb. Abb.,
4 s/w-Zeichnungen, kartoniert. ●

Naturkosmetik
Die Grundlagen gesunder und natürlicher
Hautpflege
(**1080**-X) Von N. E. Haas, 120 S., 63 Farbabb.,
kartoniert. ●●

Gesundheit durch altbewährte Kräuter-
rezepte und Hausmittel aus der
Natur-Apotheke
(**4156**-X) Von G. Leibold, 236 S., 8 Farbtafeln, 100 Zeichnungen, kart. ●●

Heiltees und Kräuter für die Gesundheit
(**4123**-3) Von G. Leibold, 136 S., 15 Farbtafeln, 16 Zeichnungen, kart. ●●

Fastenkuren
Wege zur gesunden Lebensführung. Rezepte und Tips für die Nachfastenzeit. Kurzfasten · Saftfastenkuren · Fastenschalttage · Heilfasten. **(4248**-5) Von Ha. A. Mehler, H. Keppler, 144 S., 16 s/w-Fotos, 9 Zeichn., Pbd. ●●●

Die sanfte Art des Heilens
Homöopathie
Praktische Anwendung und Arzneimittellehre
(4418-X) Von J. H. P. Kreuter, 216 S., 49 Zeichnungen, Pappband. ●●●

Massagetechniken und Heilanzeigen
Reflexzonentherapie
(4404-6) Von G. Leibold, 128 S., 53 Farbzeichnungen, Pappband. ●●●

Wetterfühligkeit
Vorbeugen und behandeln
Der Einfluß von Wetter und Klima auf Körper und Psyche
(0998-4) Von Dipl.-Met. H. Trenkle, fachl. Beratung Prof. Dr. V. Faust, 120 S., 8 Farbtafeln, 31 zweifarbige Abbildungen und Tabellen, kartoniert. ●●

Heilatmen
Ein Weg zu Lebenskraft und innerer Harmonie
(1047-8) Von K. Schutt, 112 S., 57 zweifarbige Abb., kartoniert. ●●

Bewährte Naturheilverfahren bei
Asthma und Bronchitis
(1083-4) Von G. Leibold, 112 S., kartoniert. ●

Kneippkuren zu Hause
(0779-5) Von G. Leibold, 112 S., 25 Zeichnungen, kartoniert. ●

Entspannung und Schmerzlinderung durch
Massage
(0750-7) Von B. Rumpler, K. Schutt, 112 S., 116 zweifarbige Zeichnungen, kart. ●

Besser sehen durch Augentraining
Ein Gesundheitsprogramm zur Verbesserung des Sehvermögens.
(0914-3) Von K. Schutt, B. Rumpler, 96 S., 32 s/w-Zeichnungen, kart. ●

Bewährte Naturheilverfahren bei
Herz-Kreislauf-Erkrankungen
(1084-2) Von Dr. med. O. Wolff, G. Leibold, 104 S., kartoniert. ●

Krebsangst und Krebs behandeln
Mit einem Vorwort von Dr. med. Friedrich Douwes. **(0839**-2) Von G. Leibold, 104 S., kart. ●

Bewährte Naturheilverfahren bei
Krebs
(1082-6) Hrsg. H.-R. Heiligtag, 88 S., kartoniert. ●

Hypnose und Autosuggestion
Methoden - Heilwirkungen - praktische Beispiele. **(0483**-4) Von G. Leibold, 120 S., 9 Illustrationen, kart. ●

Bewährte Naturheilverfahren bei
Migräne und Schlafstörungen
(1081-8) Von G. Leibold, Dr. med. H. Chr. Scheiner, 112 S. kartoniert. ●

Gesunder Schlaf
Schlafstörungen ohne Medikamente erfolgreich behandeln
(1036-1) Von D. H. Alke, 88 S., 22 s/w-Abb., mit Audiokassette, kartoniert. ●●●

Akupressur zur Eigenbehandlung
(0417-0) Von G. Leibold, 112 S., 78 Abb., kart. ●

Enzyme
Vitalstoffe für die Gesundheit
(0677-2) Von G. Leibold, 96 S., kart. ●

Fußsohlenmassage
Heilanzeigen · Technik · Selbsthilfe
(0714-0) Von G. Leibold, 96 S., 38 Zeichnungen, kart. ●

Rheuma behandeln und lindern
Mit einem Vorwort von Dr. med. Max-Otto-Bruker. **(0836**-8) Von G. Leibold, 96 S., kart. ●

Heilfasten
Entschlacken · Regenerieren · Abnehmen
(0713-2) Von G. Leibold, 96 S., kart. ●

Besser leben durch Fasten
(0841-4) Von G. Leibold, 96 S., kart. ●

Die echte Schroth-Kur
(0797-3) Von Dr. med. R. Schroth, 88 S., 2 s/w-Fotos, kart. ●

Allergien behandeln und lindern
Mit einem Vorwort von Prof. Dr. med. Axel Stemmann.
(0840-6) Von G. Leibold, 96 S., 4 Zeichnungen, kart. ●

Entspannung
(0834-) Von Dr. med. Chr. Schenk, 88 S., 29 Zeichnungen, kart. ●

Erfolg und Lebensfreude durch
Autogenes Training und Psychokybernetik
(1035-3) Von D. H. Alke, 80 S., 2 s/w-Zeichnungen, mit Audiokassette, kartoniert. ●●●

Autogenes-Training
Anwendung · Heilwirkungen · Methoden
(0541-5) Von R. Faller, 112 S., 3 Zeichn., kart. ●

Chinesische Naturheilverfahren
Selbstbehandlung mit bewährten Methoden der physikalischen Therapie. Atemtherapie · Heilgymnastik · Selbstmassage · Vorbeugen · Behandeln · Entspannen.
(4247-7) Von F.T. Lie, 160 S., 292 zweifarbige Zeichnungen, Pappband. ●●●

Chinesisches Schattenboxen
Tai-Ji-Quan
für geistige und körperliche Harmonie
(0850-3) Von F. T. Lie, 120 S., 221 s/w-Fotos, 9 s/w-Zeichnungen, Beilage: 1 s/w-Poster mit zahlreichen Abbildungen, kart. ●●

Fit mit **Tai Chi**
als sanfte Körpererfahrung
(2305-7) Von B. und K. Moegling, 112 S., 121 Farbfotos, 6 Farbzeichnungen, kart. ●●

Yoga
Weg zur Harmonie
(4417-8) Von A. Harf, W. von Rohr, 176 S., 171 Farbfotos, 12 s/w-Zeichnungen, Pbd. ●●●●

Bauch, Taille und Hüfte gezielt formen durch
Aktiv-Yoga
(0709-4) Von K. Zebroff, 112 S., 102 Farbfotos, kart. ●●

Yoga für Jeden
(0341-2) Von K. Zebroff. 156 S., 135 Abb., Spiralbindung. ●●●

Yoga gegen Haltungsschäden und Rückenschmerzen
(0394-3) Von A. Raab, 104 S., 215 Abb., kart. ●

Chinesische Punktmassage
Akupressur
(4419-8) Von F.T. Lie, 192 S., 332 zweifarbige Abb., Pappband. ●●●

Shiatsu-Massage
Harmonisierung der Energieströme im Körper.
(0615-2) Von G. Leibold, 196 S., 180 Abb., kart. ●●●

Diät bei Darmkrankheiten
Durchfall - Divertikulose, Reizdarm und Darmträgheit - einheimische Sprue (Zöllakie) - Disaccharidasemangel - Dünndarmresektion - Dumping Syndrom. Rezeptteil von B. Zöllner. **(3211**-0) Von Prof. Dr. med. G. Strohmeyer, 88 S., 4 Farbtafeln, kart. ●●

Ballaststoffreiche Kost bei Funktionsstörungen des Darms
Rezeptteil von B. Zöllner.
(3212-9) Von Prof. Dr. med. H. Kasper, 96 S., 34 Farbfotos, 1 s/w-Foto, kart. ●●

Diät bei Krankheiten des Magens und Zwölffingerdarms
Rezeptteil von B. Zöllner. **(3201**-3) Von Prof. Dr. med. H. Kaess, 96 S., 35 Farbfotos, 1 s/w-Zeichnung, kart. ●●

Diät bei Krankheiten der Gallenblase, Leber und Bauchspeicheldrüse
Rezeptteil von B. Zöllner.
(3207-2) Von Prof. Dr. med. H. Kasper, 88 S., 35 Farbfotos, 1 s/w-Zeichnung, kart. ●●

Diät bei Übergewicht
Rezeptteil von B. Zöllner.
(3209-9) Von Prof. Dr. med. Ch. Keller, 96 S., 42 Farbfotos, 3 s/w-Zeichnungen, kart. ●●

Diät bei Gicht und Harnsäuresteinen
Rezeptteil von B. Zöllner.
(3205-6) Von Prof. Dr. med. N. Zöllner, ca. 100 S., ca. 40 Farbtafeln, kart. ●●

Diät bei Herzkrankheiten und Bluthochdruck
Rezeptteil von B. Zöllner. **(3202**-1) Von Prof. Dr. med. H. Rottka, 92 S., 4 Farbtafeln, kart. ●●

Richtige Ernährung wenn man älter wird
Rezeptteil von B. Zöllner. **(3204**-8) Von Prof. Dr. med. H.-J. Pusch. 96 S., 36 Farbfotos und 3 s/w-Zeichnungen, kart. ●●

Diät bei Erkrankungen der Nieren, Harnwege und bei Dialysebehandlung
Rezeptteil von B. Zöllner. **(3203**-X) Von Prof. Dr. med. Dr. h. c. H. J. Sarre und Prof Dr. med. R. Kluthe, 96 S., 33 Farbfotos, 1 s/w-Zeichnung, kart. ●●

Diät bei Zuckerkrankheit
Rezeptteil von B. Zöllner. **(3206**-4) Von Prof. Dr. med. P. Dieterle, 112 S., 42 Farbfotos, 4 vierfarbige Vignetten, 1 s/w-Zeichnung, kart. ●●

Die aktuelle Colesterin-Tabelle
(1088-5) Hersg. von Dr. H. Oberritter, 84 S., 1 zweifarbige Grafiken, kartoniert. ●

Kochen für Diabetiker
Gesund und schmackhaft für die ganze Familie. **(4132**-2) Von M. Toeller, W. Schumacher, A. C. Groote, 224 S., 109 Farbfotos, 94 Zeichnungen, Pappband. ●●●

Neue Rezepte für **Diabetiker-Diät**
Vollwertig - abwechslungsreich - kalorienarm. **(0418**-4) Von M. Oehlrich, 96 S., 8 Farbtafeln, kart. ●

Diät bei Störungen des Fettstoffwechsels und zur Vorbeugung der Arteriosklerose
Rezeptteil von B. Zöllner. **(3208**-0) Von Prof. Dr. med. G. Wolfram. ca. 100 S., ca. 40 Farbfotos, kartoniert. ●●

Garten und Tiere

Garten heute
Der moderne Ratgeber · Über 1000 Farbbilder. **(4283**-3) Von H. Jantra, 384 S., über 1000 Farbabb., Pappband. ●●●●

Blütenpracht in Haus und Garten
Der große praktische Ratgeber mit über 1000 farbigen Abb.
(4145-4) Von M. Haberer, u.a. 352 S., 1012 Farbfotos, Pbd. ●●●●

1000 ganz bewährte Garten-Tips
(4453-4) Von H. Jantra, 320 S., 288 zweifarbige und 62 s/w-Zeichnungen, Pappband. ●●●

Blütenpracht aus winterharten Blumen-zwiebeln
(0772-8) Von H. Lass, 112 S., 120 Farbfotos und Zeichungen, kart. ●●

Erfolgstips für den Obstgarten
Gesunde Früchte durch richtige Sortenwahl und Pflege.
(0827-9) Von F. Mühl, 184 S., 16 Farbtafeln, 33 Zeichnungen, kart. ●●

Erfolgstips für den Gemüsegarten
Mit naturgemäßem Anbau zu höherem Ertrag. **(0674**-8) Von F. Mühl, 80 S., 30 s/w-Fotos, 4 Zeichnungen, kart. ●

Mischkultur im Nutzgarten
Mit Jahreskalender und Anbauplänen **(0651**-9) Von H. Oppel, 112 S., 8 Farbtafeln, 23 s/w-Fotos, 29 Zeichnungen, kart. ●

Der richtige Schnitt von Obst- und Zier-gehölzen, Rosen und Hecken
(0619-5) Von E. Zettl, 88 S., 8 Farbtafeln, 39 Farbfotos, 21 s/w-Fotos, kart. ●

Gesunde Zierpflanzen im Garten
Krankheiten erkennen und behandeln Mit neuem Diagnose-System
(4429-1) Von Prof. Dr. G. Stelzer, 208 S., 456 Farbfotos, 5 s/w- und 5 Farbzeichnun-gen, Pappband. ●●●●

Erfolgstips für den Ziergarten
Schmuckpflanzen und Rasen richtig pflegen **(0930**-5) Von F. Mühl, 156 S., 12 Farbtafeln, 26 s/w-Zeichnungen, kart. ●●

Erfolgreich gärtnern mit
Frühbeet und Folie
(0828-7) Von Dr. Gustav Schoser, 88 S., 8 Farbtafeln, 46 s/w-Fotos, kart. ●

Das Bio-Gartenjahr
Arbeitsplan für naturgemäßes Gärtnern **(4169**-1) Von N. Jorek, 128 S., 8 Farbtafeln, 70 s/w-Abb., kart. ●●

Erfolgreich gärtnern
durch naturgemäßen Anbau
(4252-3) Von I. Gabriel, 416 S., 176 Farbfo-tos, 212 Farbzeichnungen, Pappband. ●●●

Leben im Naturgarten
Der Biogärtner und seine gesunde Umwelt **(4124**-1) Von N. Jorek, 128 S., 68 s/w-Fotos, kart. ●●

Aktion Garten ohne Gift
Gesunde Umwelt durch natürlichen Pflanzenschutz
Ein Praxis-Handbuch von E. Hoplitschek u. B.M. Tegethoff, **(4425**-9) 176 S., 250 Farb-fotos, 36 Farb- und 29 s/w-Zeich., Pbd. ●●●●

So wird mein Garten zum Biogarten
Alles über die Umstellung auf naturgemäßen Anbau.
(0706-X) Von I. Gabriel, 128 S., 73 Farbfotos, 54 Farbzeichnungen, kart. ●●

Neuanlage eines Biogartens
Planung, Bodenvorbereitung, Gestaltung **(0721**-3) Von I. Gabriel, 128 S., 73 Farbfotos, 39 Zeichnungen, kart. ●●

Gesunde Pflanzen im Biogarten
Biologische Maßnahmen bei Schädlingsbe-fall und Pflanzenkrankheiten.
(0707-8) Von I. Gabriel, 128 S., 126 Farbfo-tos, kart. ●●

Obst und Beeren im Biogarten
Gesunde und schmackhafte Früchte durch natürlichen Anbau. **(0780**-9) Von I. Gabriel, 128 S., 109 Farbabb., kart. ●●

Gemüse im Biogarten
Gesunde Ernte durch natürlichen Anbau **(0830**-9) Von I. Gabriel, 128 S., 26 Farbfotos, 86 Farbzeichnungen, kart. ●●

Kräuter und Heilpflanzen im Biogarten
Gesunde Ernte durch natürlichen Anbau **(0929**-1) Von I. Gabriel, 112 S., 63 Farbfotos, 19 Farbzeichnungen, kart. ●●

Der biologische Zier- und Wohngarten
Planen, Vorbereiten, Bepflanzen und Pflegen **(0748**-5) Von I. Gabriel, 128 S., 72 Farbfotos, 46 Farbzeichnungen, kart. ●●

Kosmische Einflüsse auf unsere Garten-pflanzen
Sterne beeinflussen Wachstum und Gesund-heit der Pflanzen. **(0708**-6) Von I. Gabriel, 112 S., 100 Farbabb., kart. ●●

Natürlich gärtnern unter Glas und Folie
Anbauen und ernten rund ums Jahr.
(0722-1) Von I. Gabriel, 128 S., 107 Farbabb., kart. ●●

Speisepilze aus eigener Zucht
Anbau · Pflege · Zubereitung
(0909-7) Von U. Groos, 72 S., 8 Farbtafeln, 16 s/w-Farbzeichnungen, kart. ●

Dekorative Kübelpflanzen
Auswahl und Pflege
(1074-5) Von H. Jantra, 112 S., ca. 180 Farb-fotos, 35 Farbzeichnungen, kartoniert. ●

Blütenpracht auf Balkon und Terrasse
(0928-3) Von M. Haberer, 88 S., 139 Farbfo-tos, kart. ●●

Gemüse, Kräuter, Obst aus dem Balkon-garten
- Erfolgreich ernten auf kleinstem Raum
(0694-2) Von S. Stein, 32 S., 34 Farbfotos, 6 Zeichnungen, Spiralbindung, kart. ●

Grabgestaltung
Bepflanzung und Pflege zu jeder Jahreszeit **(5120**-4) Von N. Uhl, 64 S., 77 Farbfotos, 2 Zeichnungen, Pappband. ●●

Kleingärten
Planen · Anlegen · Pflegen
(1015-X) Von H. Jantra, 88 S., 123 Farbfotos, 1 s/w-Foto, 14 Farbzeichnungen, kart. ●●

Reihenhausgärten
Planen · Anlegen · Pflegen
(1016-8) Von H. Jantra, 104 S., 134 Farbfotos, 45 Farbzeichnungen, kart. ●●

Steingärten Wirkungsvoll gestalten und sachgerecht pflegen
(4452-6) Von A. Throll-Keller, 128 S., 203 Farbfotos, 56 Farbzeichnungen, Pappband. ●●●●

Gartenteiche, Tümpel und Weiher
naturnah anlegen und pflegen
(1073-2) Von Dr. F. Liedl, H. Goos, 80 S., ca. 60 Farbfotos, ca. 40 Farbzeichnungen, kartoniert. ●●

Wasser im Garten
Von der Vogeltränke zum Naturteich - Natür-liche Lebensräume selbst gestalten.
(4230-2) Von H. Hendel, P. Keßeler, 240 S., 315 Farbabb., 11 s/w-Fotos, Pappband. ●●●●●

Mein kleiner Gartenteich
planen – anlegen – pflegen
(0851-1) Von I. Polascheck, 144 S., 108 Farb-abb., 6 s/w-Zeichnungen, kart. ●●

Häuser in lebendigem Grün
Fassaden und Dächer mit Pflanzen gestalten **(0846**-5) Von U. Mehl, K. Werk, 88 S., 116 Farbfotos, 4 Farb- und 17 s/w-Zeich., kart. ●●

Wintergärten
Das Erlebnis, mit der Natur zu wohnen Planen, Bauen und Gestalten
(4256-6) Von LOG ID, 136 S., 130 Farbfotos, 107 Zeichnungen, Pappband. ●●●●

Rund ums Jahr erfolgreich gärtnern
Gewächshäuser
planen · bauen · einrichten · nutzen
(4408-9) Von Dr. G. Schoser, J. Wolff, 232 S., 368 Farbabb., 5 s/w-Fotos, Pappband. ●●●●●

Ziergräser
Über 100 Arten erfolgreich kultivieren
(0829-5) Von H. Jantra, 104 S., 73 Farbfotos, 6 Farbzeichnungen, kart. ●●

Das moderne Handbuch Zimmerpflanzen
(4416-X) Von H. Jantra, 304 S., 766 Farb-fotos, 64 Farb-und 19 s/w-Zeichn., Papp-band. ●●●●

365 Erfolgstips für schöne Zimmerpflanzen
(0893-7) Von H. Jantra, 144 S., 215 Farb-fotos, kart. ●●

Prof. Stelzers grüne Sprechstunde
Gesunde Zimmerpflanzen
Krankheiten erkennen und behandeln ·
Mit neuem Diagnosesystem.
(4274-4) Von Prof. Dr. G. Stelzer, 192 S., 410 Farbfotos, 10 s/w-Zeichnungen, Pappband. ●●●●

Hydrokultur
Pflanzen ohne Erde - mühelos gepflegt **(0944**-5) Von H.-A. Rotter, 144 S., 167 Farb-fotos, 13 Farbzeichnungen, kart. ●●

Zimmerpflanzen in Hydrokultur
Leitfaden für problemlose Blumenpflege.
(0660-8) Von H.-A. Rotter, 32 S., 76 Farb-fotos, 8 farbige Zeichn., Pappband. ●

Zimmerbäume, Palmen und andere Blattpflanzen
Standort, Pflege, Vermehrung, Schädlinge **(5111**-5) Von G. Schoser, 96 S., 98 Farbfotos, 7 Zeichnungen, Pappband. ●●

Bonsai Japanische Miniaturbäume und Miniaturlandschaften. Anzucht, Gestaltung und Pflege.
(4091-1) Von B. Lesniewicz, 160 S., 106 Farb-fotos, 46 s/w-Fotos, 115 Zeichnungen, gebunden. ●●●●●

Keime, Sprossen, Küchenkräuter
am Fenster ziehen - rund ums Jahr
(0658-6) Von F. und H. Jantzen, 32 S., 55 Farbfotos, Pappband. ●

Falken-Handbuch Orchideen
Lebensraum, Kultur, Anzucht und Pflege.
(4231-0) Von G. Schoser, 144 S., 121 Farb-fotos, 28 Farbzeichnungen, Pappband. ●●●

Fibel für Kakteenfreunde
(0199-1) Von H. Herold, 102 S., 23 Farbfotos, 37 s/w-Abb., kart. ●

Kakteen und andere Sukkulenten
300 Arten mit über 500 Farbfotos.
(4116-0) Von G. Andersohn, 316 S., 520 Farbfotos, 193 Zeichnungen, Pappband. ●●●●

Grzimek Juniors **BUNTE TIERWELT**
(4295-7) Von Chr. Grzimek, 208 S., 308 Farbfotos, Pappband. ●●●

Falken-Handbuch Hunde
(4118-7) Von H. Bielfeld, 176 S., 222 Farb-und 73 s/w-Abb., Pappband. ●●●●

Das neue Hundebuch
Rassen · Aufzucht · Pflege
(0009-X) Von W. Busack, überarbeitet von Dr. med. vet. A. H. Hacker und H. Bielfeld, 112 S., 8 Farbt., 27 s/w-Fotos, 6 Zeichn., kart. ●

Hundeausbildung
Verhalten - Gehorsam - Ausbildung
(0346-3) Von Prof. Dr. R. Menzel, 88 S., 19 Fotos, kart. ●

Grundausbildung für Gebrauchshunde
Schäferhund, Boxer, Rottweiler, Dobermann, Riesenschnauzer, Airedaleterrier, Hovawart und Bouvier.
(0801-5) Von M. Schmidt und W. Koch, 104 S., 8 Farbtafeln, 51 s/w-Fotos, 3 s/w-Zeich-nungen, kart. ●

Der Hund in der Familie
(1014-1) Von J. Werner, 128 S., 106 Farbfotos, kartoniert. ●●

Der Deutsche Schäferhund
Aufzucht, Pflege und Ausbildung.
(0073-1) Von A. Hacker, 104 S., 56 Abb., kart. ●

Alles über junge Hunde
(0863-5) Von Dr. med. vet. E.M. Bartenschlager, 64 S., 49 Farbfotos, 6 Zeichnungen, kart. ●

Richtige Hundeernährung
(0811-2) Von Dr. med. vet. E.M. Bartenschlager, 80 S., 51 Farbfotos, 4 Farbzeichn., kart. ●

Hundekrankheiten
(1077-X) Von Dr. med. vet. R. Spangenberg, 96 S., 44 Farb- und 1 s/w-Foto, 22 Farbzeichnungen, kartoniert. ●●

Falken-Handbuch **Katzen**
(1130-6) Von B. Gerber, 176 S., 294 Farb- und 88 s/w-Fotos, Pappband. ●●●●

Das neue Katzenbuch
Rassen · Aufzucht · Pflege.
(0427-3) Von B. Eilert-Overbeck, 120 S., 14 Farbfotos, 26 s/w-Fotos, kart. ●

Junge Katzen
(0862-7) Von Dr. med. vet. E.M. Bartenschlager, 72 S., 40 Farbf., 4 Farbzeichn., kart. ●

Falken-Handbuch **Pferde**
(4186-1) Von H. Werner, 176 S., 196 Farb- und 50 s/w-Fotos, 100 Zeichn., Pappband. ●●●●

Reiten im Bild
(0415-X) Von H. Werner, 128 S., 142 Farbfotos, 107 Farbzeichng., kartoniert. ●●

Der Hobby-Imker
(0978-X) Von Dr. R.F.A. Moritz, 144 S., 106 zweifarbige Zeichnungen, kart. ●●

Geflügelhaltung als Hobby
(0749-3) Von M. Baumeister, H. Meyer, 184 S., 8 Farbtafeln, 47 s/w-Fotos, 15 zweif. Zeichnungen, kart. ●●

Sittiche und kleine Papageien
(0864-3) Von Dr. med. vet. E.M. Bartenschlager, 88 S., 84 Farbfotos, 9 Zeichnungen, kart. ●

Alles über **Kanarienvögel**
(0901-1) Von H. Schnoor, 64 S., 58 Farbfotos und Zeichnungen, kartoniert. ●

Die Tiersprechstunde
Artgerechte Vogelfütterung im Winter
(0908-9) Von Dr. W. Keil, 64 S., 51 Farbfotos und Zeichnungen, kartoniert. ●

Papageien und Sittiche
Arten · Pflege · Sprechunterricht
(0591-1) Von H. Bielfeld, 112 S., 8 Farbtafeln, kart. ●

Süßwasser-Aquarium
(4191-8) Von H. J. Mayland, 288 S., 564 Farbfotos, 75 Zeichnungen, Pappband. ●●●●

Das Süßwasser-Aquarium
Einrichtung · Pflege · Fische · Pflanzen
(0153-3) Von H. J. Mayland, 152 S., 16 Farbtafeln, 43 s/w-Fotos, kartoniert. ●●

Die Tiersprechstunde
Gesunde Fische im Süßwasseraquarium
(1013-3) Von H. J. Mayland, 96 S., 73 Farbfotos, 10 Zeichng., kartoniert. ●

Tiere im Wassergarten
(0808-2) Von Dr. med. vet. E.M. Bartenschlager, 96 S., 84 Farbf., 7 Zeichn., kart. ●

Die Tiersprechstunde
Alles über Zwerg- und Goldhamster
(1012-5) Von M. Mettler, 96 S., 96 Farbfotos, kartoniert. ●

Alles über Meerschweinchen
(0809-0) Von Dr. med. vet. E.M. Bartenschlager, 72 S., 43 Farbf., 11 Farbzeichn., kart. ●

Alle über Igel in Natur und Haus
(0810-4) Von Dr. med. vet. E.M. Bartenschlager, 68 S., 51 Farbfotos, kart. ●

Falken-Handbuch **Umweltschutz**
Das Öko-Testbuch für Eigeninitiative.
(4160-8) Von M. Häfner, 352 S., 411 Farbf., 152 Farbzeichnungen, Pappband. ●●●●

Rat und Wissen

Traumreisen
Unterwegs auf den schönsten Straßen der Welt
(4468-2) Von T. Pehle, 192 S., 312 Farbfotos, 12 Übersichtskarten, Pappband. ●●●●

Vom Morgenland ins Reich der Abendgöttin
Lebensbilder aus dem Nahen und Fernen Osten
(4449-6) Von J. Schneider, H. Schoen, 160 S., 266 Farbfotos, 1 farbige Karte, Pappband. ●●●●

Keinen Mann um jeden Preis
Das neue Selbstverständnis der Frau in der Partnerbeziehung
(4440-2) Von Shere Hite, Kate Colleran, 208 S., Pappband. ●●●

Haushaltstips praktisch und umweltfreundlich
(1046-X) Von K. Winkell, 96 S., 36 Zeichnungen, kartoniert. ●

Umgangsformen heute
Die Empfehlungen des Fachausschusses für Umgangsformen (4015-6) 252 S., 108 s/w-Fotos, 17 Zeichnungen, kart. ●●●

Benehmen bei Tisch
(0988-7) Von I. Cording, 80 S., 90 Farbfotos, 5 s/w-Zeichnungen, kart. ●●

Der gute Ton
in Gesellschaft und Beruf
(0063-4) Von I. Wolter, 80 S., 42 s/w-Fotos, 7 Zeichnungen, kartoniert. ●

Familienforschung · Ahnentafel · Wappenkunde
Wege zur eigenen Familienchronik
(0744-2) Von P. Bahn, 128 S., 8 Farbtafeln, 30 Abbildungen, kart. ●●

Wie soll es heißen?
(0211-4) Von D. Köhr, 136 S., kart. ●

Die Silberhochzeit
Vorbereitung · Einladung · Geschenkvorschläge · Dekoration · Festablauf · Menüs · Reden · Glückwünsche. (0542-3) Von K.F. Merkle, 112 S., 41 Zeichnungen, kart. ●

Wir feiern Hochzeit
Phantasievolle und moderne Festgestaltung
(0943-7) Von H.J. Winkler, 112 S., kart. ●

Wir heiraten
Ratgeber zur Vorbereitung und Festgestaltung der Verlobung und Hochzeit. (4188-8) Von C. Poensgen, 216 S., 8 s/w-Fotos, 30 s/w-Zeichn., 8 Farbt., Pappband. ●●●

Von der Verlobung zur Goldenen Hochzeit
(0393-5) Von E. Ruge, 112 S., kart. ●

Hochzeits- und Bierzeitungen
Muster, Tips und Anregungen. (0288-2) Von H.-J. Winkler, mit vielen Text- und Gestaltungsanregungen, 116 S., 15 Abb., 1 Musterzeitung, kart. ●

Moderne Korrespondenz
Handbuch für erfolgreiche Briefe
(4014-7) Von H. Kirst und W. Manekeller, 544 S., Pappband. ●●●●

Der richtige Brief
zu jedem Anlaß
Das moderne Handbuch mit 400 Musterbriefen
(4179-9) Von H. Kirst, 376 S., Pappband. ●●●

Musterbriefe
für alle Gelegenheiten. (0231-9) Hrsg. von O. Fuhrmann, 240 S., kart. ●●

Privatbriefe
Muster für alle Gelegenheiten. (0114-2) Von I. Wolter-Rosendorf, 112 S., kart. ●

Der neue Briefsteller
Musterbriefe für alle Gelegenheiten.
(0060-X) Von I. Wolter-Rosendorf, 96 S., kart. ●

Erfolgstips für den Schriftverkehr
Briefgestaltung · Rechtschreibung · Zeichensetzung · Stil. (0678-0) Von U. Schoenwald, 112 S., kart. ●

Geschäftliche Briefe
des Privatmanns, Handwerkers, Kaufmanns
(0041-3) Von A. Römer, 124 S., kart. ●

Behördenkorrespondenz
Musterbriefe · Anträge · Einsprüche
(0412-5) Von E. Ruge, 112 S., kart. ●

FALKEN-Software
TEXAD
Das komfortable Korrespondenzprogramm für den privaten und geschäftlichen Bereich
(7017-9) 2 Disketten für IBM-PC + Kompatible, 5 1/4'', mit Begleitheft, Einführungspreis: **DM 198,–***, S 1980,–*, SFr 193,30 bis 11.10.1990, danach **DM 258,–***, S 2580,–*, SFr 251,70.
(7048-9) Diskette 3 1/2'', mit Handbuch. ●●●●●*

(7049-7) Demo-Version 5 1/4'', o. Handbuch. ●●*

(7050-0) Demo-Version 3 1/2'', o. Handbuch. ●●*

Worte und Briefe der Anteilnahme
(0464-9) Von E. Ruge, 96 S., mit vielen Abb., kart. ●

Briefe zu Geburt und Taufe
Glückwünsche und Danksagungen. (0802-3) Von H. Beitz, 96 S., 12 Zeichnungen, kart. ●

Briefe zum Geburtstag
Glückwünsche und Danksagungen
(0822-8) Von H. Beitz, 104 S., 22 Zeichnungen, kart. ●

Briefe der Liebe
Anregungen für gefühlvolle und zärtliche Worte. (0903-8) Hrsg. von H. Beitz, 96 S., 4 Zeichnungen, kart. ●

Briefe zur Hochzeit
Glückwünsche und Danksagungen
(0852-X) Von R. Röngen, 96 S., 1 Zeichnung, 39 Vignetten, kart. ●

Reden und Ansprachen
für jeden Anlaß. (4009-1) Hrsg. von F. Sicker, 454 S., gebunden. ●●●●

Die Kunst der freien Rede
Ein Intensivkurs mit vielen Übungen, Beispielen und Lösungen.
(4189-6) Von G. Hirsch, 232 S., 11 Zeichnungen, Pappband. ●●●

Die überzeugende Rede
Mehr Erfolg durch bessere Rhetorik
(0076-6) Von K. Wolter, G. Kunz, 96 S., kart. ●

Festreden und Vereinsreden
Muster für alle Gelegenheiten
(0069-3) Von K. Lehnhoff, E. Ruge, 96 S., kart. ●

Trinksprüche, Gästebuchverse, Richtsprüche
(0224-6) Von D. Kellermann, 96 S., kart. ●

Trinksprüche
Fest- und Damenreden in Reimen
(0791-4) Von L. Metzner, 96 S., 14 s/w-Zeichnungen, kart. ●

Glückwünsche, Toasts und Festreden zur Hochzeit
(0264-5) Von I. Wolter, 112 S., 18 Zeichnungen, kart. ●

Reden zur Taufe, Kommunion und Konfirmation
(0751-5) Von G. Georg, 96 S., kart. ●

Reden zur Hochzeit
Musteransprachen für Hochzeitstage
(0654-3) Von G. Georg, 112 S., kart. ●

Reden zu Familienfesten
Musteransprachen für viele Gelegenheiten
(**0675**-6) Von G. Georg, 112 S., kart. ●

Reden zum Geburtstag
Musteransprachen für familiäre und offizielle
Anlässe. (**0773**-6) Von G. Georg, 96 S., kart.
●

Reden im Verein
Musteransprachen für viele Gelegenheiten
(**0703**-5) Von G. Georg, 112 S., kart. ●

Reden zum Jubiläum
Musteransprachen für viele Gelegenheiten
(**0595**-4) Von G. Georg, 112 S., kart. ●

**Reden und Sprüche zu Grundstein-
legung, Richtfest und Einzug**
(**0598**-0) Von A. Bruder, G. Georg, 96 S.,
kart. ●

Reden zum Ruhestand
Musteransprachen zum Abschluß des Berufs-
lebens (**0790**-6) Von G. Georg, 104 S., kart.
●

Neue Glückwunschfibel
für groß und klein. (**0156**-8) Von R. Christian-
Hildebrandt, 96 S., 13 Vignetten, kart. ●

Großes Buch der Glückwünsche
(**0255**-6) Hrsg. von O. Fuhrmann, 176 S.,
77 Zeichnungen und viele Gestaltungsvorschläge, kart. ●●

Herzliche Glückwünsche!
Die schönsten Gedichte und Texte für viele
Gelegenheiten. (**0942**-9) Hrsg. Von B.H. Bull,
256 S., 50 Zeichnungen, Pappband. ●

Der Verseschmied
Kleiner Leitfaden für Hobbydichter. Mit
Reimlexikon. (**0597**-0) Von T. Parisius, 96 S.,
28 Zeichnungen, kart. ●

Verse fürs Poesiealbum
(**0241**-6) Von I. Wolter, 96 S., 20 Abb., kart.
●

Rosen, Tulpen, Nelken…
Beliebte Verse fürs Poesiealbum
(**0431**-1) Von W. Pröve, 96 S., 11 Faksimile-
Abb., kart. ●

**Kindergedichte zur grünen, silbernen
und goldenen Hochzeit**
(**0318**-0) Von H.-J. Winkler, 104 S., 20 Abb.,
kart. ●

Glückwunschverse für Kinder
(**0277**-7) Von B. Ulrici, 80 S., kart. ●

Kindergedichte für Familienfeste
(**0860**-0) Von B.H. Bull, 96 S., 20 Zeichnungen, kart. ●

Kindergedichte rund ums Jahr
(**1040**-0) Von A. Schweiggert, 80 S., 49
Zeichnungen, kartoniert. ●

Ins Gästebuch geschrieben
(**0576**-8) Von K.H. Trabeck, 96 S., 24 Zeichnungen, kart. ●

**Die schönsten Wander- und
Fahrtenlieder**
(**0462**-1) Hrsg. Von F.R. Miller, empfohlen
vom Deutschen Sängerbund, 80 S., mit
Noten und Zeichnungen, kart. ●

Die schönsten Volkslieder
(**0432**-X) Hrsg. Von D. Walther, 128 S., mit
Noten und Zeichnungen, kart. ●

**Erziehungsgeld, Mutterschutz,
Erziehungsurlaub**
Das neue Recht für Eltern
(**0835**-X) Von J. Grönert, 144 S., kart. ●

Liebe ja – Ehe nein
Die nichteheliche Lebensgemeinschaft
(**1071**-0) Von T. Drewes, 104 S., 8 s/w-Zeich-
nungen, kartoniert. ●

Scheidung und Unterhalt
nach dem neuen Eherecht. (**0403**-6) Von T.
Drewes, 112 S., mit Kosten und Unterhalts-
tabellen, kart. ●

Was heißt hier minderjährig?
(**0765**-5) Von R. Rathgeber, C. Rummel, 148
S., 50 Fotos, 25 Zeichnungen, kart. ●●

Testament und Erbschaft
Erbfolge, Rechte und Pflichten der Erben,
Erbschafts-und Schenkungssteuer, Muster-
testamente. (**4139**-2) Von T. Drewes, R. Hol-
lender, 304 S., Pappband. ●●●

Erbrecht und Testament
Mit Erläuterungen des Erbschaftssteuer-
gesetzes von 1974. (**0046**-4) Von Dr. jur. H.
Wandrey, 124 S., kart. ●

Der letzte Wille
Ratgeber für Erblasser, Erben und Hinter-
bliebene in Rechts-, Versorgungs- und Steu-
erfragen
(**0939**-9) Von T. Drewes, 136 S., 9 s/w-Zeich-
nungen, kart. ●●

Mietrecht
Leitfaden für Mieter und Vermieter
(**0479**-6) Von J. Beuthner, 196 S., kart. ●●

Präzise Ratschläge für **Ihre optimale Rente**
Vorbereitung · Berechnungsgrundlagen · Ge-
setzesänderungen · Individuelle Rechenbei-
spiele. (**0806**-6) Von K. Möcks, 96 S., 24 For-
mulare, 1 Graphik, kart. ●●

Das große farbige Kinderlexikon
(**4195**-0) Von U. Kopp, 320 S., 493 Farbabb.
17 s/w-Fotos, Pappband. ●●●

Gitarre spielen
Ein Grundkurs für den Selbstunterricht
(**0534**-2) Von A. Roßmann, 96 S., 1 Schallfo-
lie, 150 Zeichnungen, kart. ●●●

So lernt man leicht und schnell
Maschinenschreiben
Lehrbuch für Schulen, Lehrgänge und Selbstunterricht. (**0568**-7) Von M. Kempkes, 112 S.,
48 Zeichnungen, kart. ●●

FALKEN-Software
Maschinenschreiben
In 10 Tagen spielend gelernt. Von Unterrichts-
medien Hoppius. (**7008**-X) Diskette für den
C 64 und C 128 PC ●●●●*

FALKEN-Software
**Maschinenschreiben und Tastatur-
training für Computer**
(**7009**-8) Von B. Hoppius, Diskette 5 1/4″ u.
3 1/2″ für IBM PC + Kompatible, mit Begleitheft. ●●●●●*

Maschinenschreiben im Selbstunterricht
(**0170**-3) Von A. Fonfara, 88 S., kart. ●

Buchführung leicht gemacht
Ein methodischer Grundkurs für den Selbst-
unterricht. (**4238**-8) Von D. Machenheimer,
R. Kersten, 252 S., Pappband. ●●●

Buchführung leicht gefaßt
Für Handwerker, Gewerbetreibende und frei-
beruflich Tätige. (**0127**-4) Von R. Pohl. 104
S., kart. ●

Stenografie leicht gelernt
im Kursus oder Selbstunterricht
(**0266**-1) Von H. Kaus, 64 S., kart. ●

**Erfolgreiche Bewerbung um einen Aus-
bildungsplatz**
(**0715**-9) Von H. Friedrich, 128 S., kart. ●

Bewerbungsstrategien
Erfolgreiche Konzepte für Karrierebewußte
(**1027**-3) Von Dr. W. Reichel, 128 S., kartoniert. ●●

Die Bewerbung
Der moderne Ratgeber für Bewerbungsbriefe, Lebenslauf und Vorstellungsgespräche. (**4138**-1) Von W. Manekeller, 264 S.,
Pappband. ●●

Lebenslauf und Bewerbung
Beispiele für Inhalt, Form und Aufbau
(**0428**-1) Von H. Friedrich, 112 S., kart. ●

Die erfolgreiche Bewerbung
Bewerbung und Vorstellung. (**0173**-8) Von W.
Manekeller, U. Schoenwald, 144 S., kart. ●●

**Erfolgreiche Bewerbungsbriefe und
Bewerbungsformen**
(**0138**-X) Von W. Manekeller, U. Schoenwald,
88 S., kart. ●

Die Handschrift als Spiegel des Charakters
Graphologie
(**1025**-7) Von Dr. W. Busch, 104 S., 87 Schrift-
proben, kartoniert. ●

Vorstellungsgespräche
sicher und erfolgreich führen. (**0636**-5) Von
H. Friedrich, 144 S., kart. ●

Keine Angst vor Einstellungstests
Ein Ratgeber für Bewerber. (**0793**-6) Von Ch.
Titze. 120 S., 67 Zeichnungen, kart. ●

FALKEN-Software
Einstellungstests
(**7013**-6) Von B. Hoppius, Wendediskette für
C 64/C 128 PC, mit Begleitheft, ●●●●*

Die ersten Tage am neuen Arbeitsplatz
Ratschläge für den richtigen Umgang mit
Kollegen und Vorgesetzten
(**0855**-4) Von H. Friedrich, 104 S., kart. ●

Zeugnisse im Beruf
richtig schreiben, richtig verstehen
(**0544**-X) Von H. Friedrich, 112 S., kart. ●

So werde ich erfolgreich
Ratschläge und Tips für Beruf und Privat-
leben. (**0918**-6) Von H. Hans, 104 S., kart.
●●

Wege zum Börsenerfolg
Aktien · Anleihen · Optionen
(**4275**-5) Von H. Krause, 252 S., 4 s/w-Fotos,
86 Zeichnungen, Pappband. ●●●

FALKEN-Software
Börsenfieber
Spielend spekulieren mit Geld und Aktien
(**7016**-0) IBM PC und Kompatible, Diskette
5 1/4″, mit Begleitheft, ●●●●●*

Konvertierungen:
(**7026**-8) für C 64/C 128 PC, mit Begleitheft
(**7027**-6) für Atari ST 520/1040, mit Begleitheft
(**7028**-4) für Amiga, mit Begleitheft
(**7044**-0) für IBM PC + Kompatible, Diskette
3 1/2″, mit Begleitheft

Schülerlexikon der Mathematik
Formeln, Übungen und Begriffserklärungen
für die Klassen 5–10. (**0430**-3) Von R. Müller, 176 S., 96 Zeichnungen, kart. ●

Mathematik verständlich
Zahlenbereiche Mengenlehre, Algebra,
Geometrie, Wahrscheinlichkeitsrechnung,
Kaufmännisches Rechnen. (**4135**-7) Von
R. Müller, 652 S., 10 s/w- und 109 Farbfotos,
802 Farbabb. und 79 s/w-Zeichnungen, über
2500 Beispiele und Übungen mit Lösungen,
Pappband. ●●●●●

Mehr Erfolg in der Schule **Mathematik 1**
Arithmetik und Algebra
Übungen, Beispiele und Lösungen für die
Klasse 5 bis 10
(**4420**-8) Von R. Müller-Fonfara, 256 S.,
193 Zeichn., 2 s/w-Fotos, Pappband. ●●●

Mathematik 2
Geometrie, Statistik, Wahrscheinlichkeitsrechnung und kaufmännisches Rechen
(**4456**-9) Von R. Müller-Fonfara, W. Scholl,
256 S., 6 s/w-Fotos, 304 Zeichnungen, Pappband. ●●●

**Mathematische Formeln für Schule und
Beruf**
Mit Beispielen und Erklärungen. (**0499**-0)
Von R. Müller-Fonfara, 156 S., 210 Zeichnun-
gen, kart. ●

Rechnen aufgefrischt für Schule und Beruf.
(**0100**-2) Von H. Rausch, 144 S., kart. ●

FALKEN-Software
Wirtschaftsrechnen in Beruf und Alltag
(**7037**-3) Diskette für IBM-PC und Kompatible, mit Begleitheft. ●●●●●*

Physik verständlich
Förderkurs für die Klassen 7 bis 10. **(0926**-7) Von Dr. Th. Neubert, 136 S., 146 s/w-Zeichnungen, 166 Aufgaben, kart. ●●

Richtige Groß- und Kleinschreibung
durch neue, vereinfachte Regeln. Erläuterungen der Zweifelsfragen anhand vieler Beispiele. **(0897**-X) Von Prof. Dr. Ch. Stetter, 96 S. kart ●

Gutes Deutsch schreiben und sprechen **(4432**-1) Von W. Manekeller, Dr. G. Reinert-Schneider, 416 S., durchgehend zweifarbig, Pappband. ●●●●

Deutsche Grammatik
Ein Lern- und Übungsbuch. **(0704**-3) Von K. Schreiner, 112 S., kart. ●

Mehr Erfolg in der Schule
Deutsche Rechtschreibung und Grammatik
Übungen und Beispiele für die Klassen 5–10. **(4407**-0) Von K. Schreiner, 256 S., durchgehend zweifarbig, Pappband. ●●●

Richtiges Deutsch
Rechtschreibung · Zeichensetzung · Grammatik · Stilkunde. **(0551**-2) Von K. Schreiner, 128 S., 7 Zeichnungen, kart. ●

Mehr Erfolg in der Schule
Der Deutschaufsatz
Übungen und Beispiele für die Klassen 5–10. **(4271**-9) Von K. Schreiner, 240 S., 4 s/w-Fotos, 51 Zeichnungen, Pappband. ●●●

Aufsätze besser schreiben
Förderkurs für die Klassen 4–10. **(0429**-9) Von K. Schreiner, 144 S., 4 s/w-Fotos, 27 Zeichnungen, kart. ●●

Mehr Erfolg in Schule und Beruf
Besseres Deutsch
Mit Übungen und Beispielen für Rechtschreibung, Diktate, Zeichensetzung, Aufsätze, Grammatik, Literaturbetrachtung, Stil, Briefe, Fremdwörter, Reden. **(4115**-2) Von K. Schreiner, 444 S., 7 s/w-Fotos, 27 Zeichnungen, Pappband. ●●●

Richtige Zeichensetzung
durch neue, vereinfachte Regeln. Erläuterungen der Zweifelsfragen anhand vieler Beispiele. **(0744**-4) Von Prof. Dr. Ch. Stetter, 160 S., kart. ●

Diktate besser schreiben
Übungen zur Rechtschreibung für die Klasse 4–8. **(0469**-9) Von K. Schreiner, 152 S., 31 Zeichnungen, kart. ●

Besseres Englisch
Grammatik und Übungen für die Klassen 5 bis 10. **(0745**-0) Von E. Henrichs, 144 S., kart. ●

Mehr Erfolg in der Schule
Englische Grammatik
Regeln und Übungen für die Klassen 5 bis 13 **(4431**-1) Von E. Heinrichs-Kleinen, 256 S., durchgehend zweifarbig, Pappband. ●●●

FALKEN-Software
The Grammar-Master
Englische Grammatik üben und beherrschen **(7002**-0) Diskette für den C 64/C 128 PC ●●●●*

Konvertierungen:
(7030-6) Diskette für IBM PC + Kompatibel, mit Begleitheft. ●●●●●*
(7031-4) Diskette für Atari ST 520/1040, mit Begleitheft. ●●●●●*
(7032-2) Diskette für Amiga, mit Begleitheft. ●●●●●*

FALKEN-Software
Take a Trip to Britain
(7004-7) Von reLine, Diskette für C 64/C 128 PC, mit Begleitheft. ●●●●*

Konvertierungen:
(7039-X) Diskette 5 1/4'' für IBM PC + Kompatible, mit Begleitheft. ●●●●●*

FALKEN-Software
Vokabeltrainer Englisch
Von B. Hoppius. **(7001**-2) 2 Disketten für C 64/C 128 PC, mit Begleitheft. ●●●●●*
(7007-1) Wendediskette für Atari ST 520/1040, mit Begleitheft. ●●●●●*

FALKEN-Software
Vokabel Trainer Französisch
Über 2000 Vokabeln und Redewendungen **(7018**-7) Systemdiskette u. Wendediskette für C 64/C 128 PC, mit Begleitheft,
(7019-5) Diskette für IBM-PC und Komp., mit Begleitheft. ●●●●●

FALKEN-Software
Bon voyage
Spielend Französisch lernen mit dem Computer
(7036-5) Diskette für IBM PC + Kompatible, mit Begleitheft. ●●●●●*

Konvertierungen:
(7042-X) Diskette für Atari ST 520/1040, mit Begleitheft. ●●●●●*
(7043-8) Diskette für Amiga, mit Begleitheft. ●●●●●*

FALKEN-Software
Vokabel Trainer Latein
(7022-5) Von B. Hoppius, Wendediskette für C 64/C 128 PC, mit Begleitheft. ●●●●

Konvertierungen:
(7033-0) Diskette für IBM PC + Kompatible, mit Begleitheft. ●●●●●*

Die neue Lebenshilfe **Biorhythmik**
Höhen und Tiefen der persönlichen Lebenskurven vorausberechnen und danach handeln. **(0458**-3) Von W. A. Appel, 157 S., 63 Zeichnungen, Pappband. ●●

Wie Sie im Schlaf das Leben meistern
Schöpferisch träumen
Der Klartraum als Lebenshilfe
(4258-2) Von Prof. D. P. Tholey, K. Utecht. 280 S., 1 s/w-Foto, 20 Zeichn., Pbd. ●●●

Falken-Lebenshilfe **Astrologie**
Charakterkunde · Schicksal · Liebe und Beruf
Berechnung und Deutung von Horoskopen ·
Aszendenttabelle. **(4068**-7) Von B.A. Mertz, 342 S., mit 60 erläuternden Grafiken, Pappband. ●●●

Wahrsagen mit Tarot-Karten
(0482-5) Von E.J. Nigg, 112 S., 4 Farbtafeln, 52 s/w-Abb., Pappband. ●●

Selbst wahrsagen mit Karten
Die Zukunft in Liebe, Beruf und Finanzen **(0404**-4) Von R. Koch, 80 S., 252 Abb., Pappband. ●

Die 12 Tierzeichen
Chinesisches Horoskop
(0423-0) Von G. Haddenbach, 128 S., Pappb. ●

Die 12 Sternzeichen
Charakter, Liebe und Schicksal. **(0385**-4) Von G. Haddenbach, 136 S., kart. ●●

Partnerschaftshoroskop
Glück und Harmonie mit Ihrem Traumpartner. **(0587**-3) Von G. Haddenbach, 112 S., 11 Zeichnungen, kart. ●

Sternstunden
für Liebe, Glück und Geld, Berufserfolg und Gesundheit. Das ganz persönliche Mitbringsel für **Widder (0621**-7), **Stier (0622**-5), **Zwillinge (0623**-3), **Krebs (0624**-1), **Löwe (0625**-7), **Jungfrau (0626**-8), **Waage (0627**-6), **Skorpion (0628**-4), **Schütze (0629**-2), **Steinbock (0630**-6), **Wassermann (0631**-4), **Fische (0632**-2) Von L. Cancer, 62 S., durchgehend farbig, Zeichnungen, Pappband. ●

Im Zeichen der Sterne
(0951-8) Der feurige Widder
(0952-6) Der willensstarke Stier
(0953-4) Die vielseitigen Zwillinge
(0954-2) Der feinfühlige Krebs
(0955-0) Der königliche Löwe
(0956-9) Die zuverlässige Jungfrau
(0957-7) Die charmante Waage
(0958-5) Der leidenschaftliche Skorpion
(0959-3) Der temperamentvolle Schütze
(0960-7) Der treue Steinbock
(0961-5) Der selbstbewußte Wassermann
(0962-3) Die romantischen Fische
Von G. Haddenbach, 64 S., 35 Farbfotos, Pappband. ●

Humor und Unterhaltung

Heitere Vorträge
(0528-8) Von E. Müller, 128 S., 14 Zeichnungen, kart. ●

So feiert man Feste fröhlicher
Heitere Vorträge und Gedichte
(0098-7) Von Dr. Allos, 96 S., 15 Abb., kart. ●

Heitere Vorträge und witzige Reden
Lachen, Witz und gute Laune
(0149-5) Von E. Müller, 104 S., 44 Abb., kart. ●

Lustige Vorträge für fröhliche Feiern
(0284-X) Von K. Lehnhoff, 96 S., kart. ●

Da lacht das Publikum
Neue lustige Vorträge für viele Gelegenheiten. **(0716**-7) Von H. Schmalenbach, 96 S., kart. ●

Humor und Stimmung
Ein heiteres Vortragsbuch
(0460-5) Von G. Wagner, 112 S., kart. ●

Gereimte Vorträge
für Bühne und Bütt. **(0567**-9) Von G. Wagner, 96 S., kart. ●

Narren in der Bütt
Leckerbissen aus dem rheinischen Karneval **(0216**-5) Zusammengestellt von T. Lücker, 112 S., kart. ●

Damen in der Bütt
Scherze, Büttenreden, Sketche
(0354-4) Von T. Müller, 136 S., kart. ●

Rings um den Karneval
Karnevalsscherze und Büttenreden
(0130-4) Von Dr. Allos, 144 S., 2 Zeichnungen, kart. ●●

Wir feiern Karneval
Festgestaltung und Reden für die närrische Zeit. **(0904**-6) Von M. Zweigler, 120 S., 7 Zeichnungen, kart. ●

Helau und Alaaf 1 Närrisches aus der Bütt **(0304**-8) Von E. Müller, 112 S., 4 Zeichnungen, kart. ●

Helau und Alaaf 2
Neue Büttenreden für Sie und Ihn
(0477-X) Von E. Luft, 96 S., kart. ●

13

Helau und Alaaf 3
Neue Reden für die Bütt. (0832-5) Von H. Fauser, 112 S., 13 Zeichnungen, kart. ●

Helau und Alaaf 4
Neue Büttenreden für Sie und Ihn (0983-6) Hrsg. H. Fauser, 96 S., 15 s/w-Zeichn., zahlreiche Vignetten, kart. ●

Locker vom Hocker
Witzige Sketche zum Nachspielen (4262-0) Von W. Giller, 144 S., 41 Zeichnungen, Pappband. ●●

Sketche und Blackouts zum Nachspielen (0941-0) Von E. Cohrs, 112 S., 12 Zeichnungen, kart. ●

Sketche und spielbare Witze
für bunte Abende und andere Feste. (0445-1) Von H. Friedrich, 112 S., 7 Zeichnungen, kart. ●

Sketche
Kurzspiele zu amüsanter Unterhaltung. (0247-5) Von M. Gering, 96 S., 4 s/w-Zeichnungen, kart., ●

Vorhang auf!
Neue Sketche für jung und alt. (0898-8) Von H. Pillau, 96 S., 22 Zeichnungen, kart. ●

Witzige Sketche zum Nachspielen (0511-3) Von D. Hallervorden, 112 S., kart. ●●

Tolle Sketche
mit zündenden Pointen – zum Nachspielen. (0656-X) Von E. Cohrs, 112 S., kart. ●

Vergnügliche Sketche
(0476-1) Von H. Pillau, 96 S., 7 Zeichn., kart. ●

Lustige Sketche
Kurze Theaterstücke für Jungen und Mädchen (0669-1) Von U. Lietz, U. Lange, 96 S., kart. ●

Spielbare Witze für Kinder
(0824-4) Von H. Schmalenbach, 112 S., 30 Zeichnungen, kart. ●

Witze
Lachen am laufenden Band (4241-8) Von J. Burkert, D. Kroppach; 400 S., 41 Zeichnungen, Pappband. ●●

Die besten Kalauer
(0705-1) Von K. Frank, 112 S., 12 Zeichnungen, kart. ●

Die besten Beamtenwitze
(0574-1) Von W. Pröve, 80 S., 39 Zeichnungen, kart. ●

O frivol ist mir am Abend
Pikante Witze von Fred Metzler. (0388-9) Von F. Metzler, 128 S., mit Karikaturen, kart. ●

Fips Asmussens Witze
am laufenden Band (0461-3) 96 S., kart. ●

Spaßvögel
Über sexhundert komische Nummern (0888-0) Von E. Zeller, mit Limericks Von W. Müller, 220 S., 200 Vignetten, kart. ●

Heller Wahnwitz
(0887-2) Von D. Kroppach, 220 S., 200 Vignetten, kart. ●

Die Kleidermotte ernährt sich von nichts, sie frißt nur Löcher
Stilblüten, Sprüche und Widersprüche aus Schule, Zeitung, Rundfunk und Fernsehen. (0738-8) Von P. Haas, D. Kroppach, 112 S., zahlreiche Abb. kart. ●

Witzig, witzig
(0507-5) Von E. Müller, 128 S., 16 Zeichnungen, kart. ●

Die besten Kinderwitze
(0757-4) Von K. Rank, 112 S., 28 Zeichnungen, kart. ●

Ich lach mich kaputt!
Die besten Kinderwitze
(0545-8) Von E. Hannemann, 96 S., 10 Zeichnungen, kart. ●

Lach mit!
Witze für Kinder, gesammelt von Kindern. (0468-0) Von W. Pröve, 96 S., 17 Zeichnungen, kart. ●

Die besten Kurzgeschichten von Mark Twain
(4458-5) Ausgewählt von D. Zimmer, 128 S., Pappband. ●

Kritik des Herzens
Heiter-besinnliche Verse von Wilhelm Busch
(4459-3) Herausgegeben von D. Zimmer, 96 S., Pappband. ●

Die schönsten Galgenlieder von Christian Morgenstern
(4460-7) Ausgewählt von D. Zimmer, 128 S., Pappband. ●

Scherz und Satire von Roda Roda
(4462-3) Ausgewählt von D. Zimmer, 112 S., Pappband. ●

Beliebte Autoren des 19. Jahrhunderts
Englischer Humor
(4463-1) Ausgewählt von D. Zimmer, 112 S., Pappband. ●

Spiele und Denksport

Neues Buch der siebzehn und vier Kartenspiele
(0095-2) Von K. Lichtwitz, 96 S., kart. ●

Alles über Pokern
Regeln und Tricks. (2024-4) Von C.D. Grupp, 112 S., 29 Kartenbilder, kart. ●

Rommé und Canasta
in allen Variationen. (2025-2) Von C.D. Grupp, 88 S., 24 Zeichnungen, kart. ●

Doppelkopf, Schafkopf, Binokel, Cego, Tarock und andere Stammtischspiele. (2015-5) Von C.D. Grupp, 112 S., kart. ●

Black Jack
Regeln und Strategien des Kasinospiels. (2032-3) Von K. Kelbratowski, 88 S., kart. ●

Spielend Skat lernen
unter freundlicher Mitarbeit des Deutschen Skatverbandes. (2005-8) Von Th. Krüger, 120 S., 181 s/w-Fotos, 22 Zeichn., kart. ●

Falken-Handbuch **Patiencen**
Die 111 interessantesten Auslagen (4151-1) Von U.v.Lyncker, 216 S., 108 Abbildungen, Pappband. ●●●

Patiencen
in Wort und Bild. (2003-1) Von I. Wolter-Rosendorf, 120 S., kart. ●

Neue Patiencen
(2036-8) Von H. Sosna, 160 S., 43 Farbtafeln, kart. ●●

Falken-Handbuch **Bridge**
Von den Grundregeln zum Turnierspiel (4092-X) Von W. Voigt und K. Ritz, 280 S., 792 Zeichnungen, gebunden. ●●●●

Spielend Bridge lernen
(2012-0) Von J. Weiss, 96 S., 58 Zeichnungen, kart. ●

Präzisions-Treff im Bridge
(2037-6) Von E. Jannersten, 152 S., kart. ●

Spieltechnik im Bridge
(2004-X) Von V. Mollo und N. Gardener, deutsche Adaption Von D. Schröder, 152 S., kart. ●●

Besser Bridge spielen
Reiztechnik, Spielverlauf und Gegenspiel. (2026-0) Von J. Weiss, 144 S., 60 Diagramme, kart. ●●

Kartentricks
(2010-4) Von T.A. Rosee, 80 S., 13 Zeichnungen, kart. ●

Neue Kartentricks
(2027-9) Von K. Pankow, 104 S., 20 Abb., kart. ●

Das japanische Brettspiel Go
(2020-1) Von W. Dörholt, 104 S., 182 Diagramme, kart. ●

Mah-Jongg
Das chinesische Glücks-, Kombinations- und Gesellschaftsspiel. (2030-9) Von U. Eschenbach, 80 S., 30 s/w-Fotos, 5 Zeichn., kart. ●

Backgammon
für Anfänger und Könner. (2008-2) Von G.W. Fink und G. Fuchs, 104 S., 41 Abb., kart. ●

Das Backgammon-Handbuch
(4422-4) Von E. Heyken, M.B. Fischer, 232 S., 400 Abbildungen, Pappband. ●●●●

Würfelspiele
für jung und alt. (2007-4) Von F. Pruss, 112 S., 21 s/w-Zeichnungen, kart. ●

Roulette richtig gespielt
Systemspiele, die Vermögen brachten (0121-5) Von M. Jung, 96 S., zahlreiche Tabellen, kart. ●

Gesellschaftsspiele
für drinnen und draußen. (2006-6) Von H. Görz, 112 S., kart. ●

Spiele für Party und Familie
(2014-7) Von Rudi Carrell, 80 S., 22 Zeichnungen kart. ●

Neue Spiele für ihre Party
(2022-8) Von G. Blechner, 112 S., 54 Zeichnungen, kart. ●

Lustige Tanzspiele und Scherztänze
für Partys und Feste. (0165-7) Von E. Bäulke, 80 S., 53 Abb. kart. ●

Das Spiel mit der Schwerkraft
Jonglieren
mit Bällen, Keulen, Ringen und Diabolo (1009-5) Von S. Peter, 80 S., 149 Farbfotos, kartoniert. ●●

Magische Zaubereien
(0672-1) Von W. Widenmann, 64 S., 31 Zeichnungen, kart. ●

Zaubertricks für Anfänger und Fortgeschrittene
(0282-3) Von J. Merlin, 160 S., 113 Abb., kart. ●●

Zaubern
einfach – aber verblüffend. (2018-X) Von D. Bouch, 84 S., 41 Zeichnungen, kart. ●

Scherzfragen, Drudel und Blödeleien
gesammelt von Kindern. (0506-7) Hrsg. von W. Pröve, 80 S., 57 Zeichnungen, kart. ●

Kinderspiele
die Spaß machen. (2009-0) Von H. Müller-Stein, 104 S., 28 Abb., kart. ●

Kinderspiele mit Buchstaben und Wörtern
(1041-9) Von Dr. U. Vohland, 96 S., 53 Zeichnungen, kartoniert. ●

Spiele für Kleinkinder
(2011-2) Von D. Kellermann, 80 S., 23 Abb., kart. ●

Spiel und Spaß am Krankenbett
für Kinder und die ganze Familie. (2035-X) Von H. Bücken, 96 S., 97 Zeichnungen, kart. ●

Spiele im Freien
(2038-4) Von G. Wagner, 88 S., 20 zweif. Zeichnungen, kartoniert. ●

Guten Tag, Kinder!
Neue Texte mit Spielanleitungen fürs Kasperletheater. (0861-9) Von U. Lietz, 96 S., 18 s/w-Zeichnungen, kart. ●

Kasperletheater
Spieltexte und Spielanleitungen · Basteltips für Theater und Puppen. (0641-1) Von U. Lietz, 114 S., 4 Farbtafeln, 12 s/w-Fotos, 39 Zeichnungen, kart. ●

Kindergeburtstage, die keiner vergißt
Planung, Gestaltung, Spielvorschläge. (0698-5) Von G. und G. Zimmermann, 104 S., 80 Vignetten, kart. ●

Kindergeburtstag
Vorbereitung, Spiel und Spaß. (0287-4) Von Dr. I. Obrig, 136 S., 40 Abb., 11 Zeichnungen, 9 Lieder mit Noten, kart. ●

Knobeleien und Denksport
(2019-8) Von K. Rechberger, 142 S., 105 Zeichnungen, kart. ●

Das Super-Kreuzwort-Rätsel-Lexikon
Über 150.000 Begriffe. (4279-5) Von H. Schiefelbein, 688 S., Pappband. ●●

Riesen-Kreuzwort-Rätsel-Lexikon
über 250.000 Begriffe. (4197-7) Von H. Schiefelbein, 1024 S., Pappband. ●●●

Computerbücher und Software

FALKEN Computer Lexikon
(4185-3) 312 S., 173 s/w-Fotos, Pbd. ●●●

Computer-Grundwissen
Eine Einführung in Funktion und Einsatzmöglichkeiten. (4302-3) Von W. Bauer, 176 Seiten, 193 Farb- und 12 s/w-Fotos, 37 Computergrafiken, kart. ●●● (4301) Pbd. ●●●●

Grundwissen Informationsverarbeitung
(4314-7) Von H. Schiro, 324 S., 59 s/w-Fotos, 133 s/w-Zeichnungen, Pappband. ●●●●●

Computergrafik
Von den Grundlagen bis zum perfekten 3 D-Programm. (4319-8) Von A. Brück, 296 S., 20 Farbtafeln, 180 s/w-Grafiken, 50 s/w-Fotos, 83 Listings, Pappband. ●●●●●

Daten-Fernübertragung
Vom Akustikkoppler bis zum lokalen Netzwerk
(4325-2) Von P.C. den Heijer, R. Tolsma, ca. 288 S., zahlreiche Abb., kartoniert. ●●●●●

Microsoft Excel
Tabellenkalkulationen, Geschäftsgrafik und Datenbank im Selbststudium für alle Versionen bis 2.1. Mit Tutor-Diskette.
(4333-3) Von P. Vogel, M. Hofmann, 176 S., 112 zweifarbige Abb., kartoniert. ●●●●●

Microsoft Word
Textverarbeitung, MailMerge und Desktop Publishing im Selbststudium
Für alle Versionen ab 4.0
(4328-7) Von A. Görgens, 160 S., 120 Abbildungen, kart. ●●●●

dBASE III PLUS dBASE IV
Der einfache Weg zur individuell programmierten Datenbank
Mit Tutor-Diskette
(4326-0) Von P. Vogel, Th. Kregeloh, M. Hofmann, 272 S., 63 Abb., kart. ●●●●●

Open Access II
Textverarbeitung, Kalkulation und Datenverarbeitung im Selbststudium
(4327-9) Von A. Görgens, 184 S., 108 Abbildungen, kart. ●●●●

Desktop Publishing
Setzen und Drucken auf dem Schreibtisch.
(4323-6) Von A. Görgens, 120 S., 11 s/w-Fotos, 72 Zeichnungen, kart. ●●●

Garantiert BASIC lernen mit dem C 128
Mit kompletter Kurs-Diskette
(4321-X) Von A. Görgens, 288 S., 4 s/w-Fotos, 83 Zeichnungen, kart. ●●●●●

WordStar Praxis professionell
Für die Versionen 3.4/3.45/4.0
Erweiterungen · Praxis-Tips · Datenaustausch · Desktop Publishing. (4324-4) Von A. Görgens, 172 S., 2 s/w-Fotos, 2 s/w-Zeichnungen, 116 s/w-Grafiken, kart. ●●●●

Desktop Publishing: Typographie und Layout
Seiten gestalten am PC. Für Einsteiger und Profis
(4330-9) Von Dr. H. D. Baumann, M. Klein, ca. 280 S., zahlreiche zweifarbige Abb., Pappband. ●●●●●

Einführung in Pascal
Garantiert Pascal lernen durch schrittweise Erarbeitung
(4329-5) Von R. Röder, ca. 160 S., durchgehend zweifarbig, kartoniert. ●●●●

Heimcomputer-Bastelkiste
Messen, Steuern, Regeln mit C 64-, Apple II-, MSX-, TANDY-, MC-, Atari- und Sinclair-Computern. (4309-0) Von G.A. Karl, 256 S., 160 Zeichnungen, kart. ●●●●

Schach mit dem Computer
(0747-7) Von D. Frickenschmidt, 140 S., 112 Diagramme, 29 s/w-Fotos, 5 Zeichnungen, kart. ●●

Einstellungstests
Die optimale Vorbereitung für Bewerber
(7013-6) Wendediskette für C 64/C 128 PC, mit Begleitheft. ●●●●*

Ego-Tests
Sich und andere besser erkennen und verstehen
(7012-8) Diskette für IBM PC und kompatible (MS DOS), mit Begleitheft. ●●●●●*

Schnell und sicher zum
Führerschein
Intensivtraining mit dem amtlichen Fragenkatalog
(7011-X) Wendediskette für C 64/C 128 PC, mit Begleitheft und Fragenkatalog.
(7024-1) für Atari ST 520/1040, mit Begleitheft,
(7029-2) für Amiga, mit Begleitheft
●●●●●*

Maschinenschreiben
In 10 Tagen spielend gelernt
IBM PC und Kompatible
(7008-X) Disk. für C 64/C 128 PC, ●●●●*

Maschinenschreiben und Tastaturtraining für Computer
(7009-8) Von B. Hoppius, Diskette 5 1/4'' u. 3 1/2'' für IBM PC + Kompatible, mit Begleitheft. ●●●●*

Das komplette Schachprogramm
(7006-3) für C 64/C 128 PC, mit Begleitheft ●●●●●*

Zug um Zug Schach für jedermann 1
Offizielle Schach-Lernsoftware des Deutschen Schachbundes zur Erringung des Bauerndiploms
(7015-2) Diskette für C 64/C 128 PC mit Begleitheft,
(7005-1) Diskette für Atari ST 520/1040 mit Begleitheft. ●●●●●*

TEXAD
Text- und Adressenverwaltung
Mit Musterbriefen und Formularen für den privaten und geschäftlichen Bereich
(7017-9) für IBM-PC und Kompatible, Disk. 5 1/4'', mit Begleitheft. Einführungspreis bis 11.10.90 DM 198,–; S 1980,–; Fr 193.30, danach DM 258,–; S 2580,–; Fr 251.70.
(7048-0) Diskette 3 1/2'', mit Handbuch. ●●●●●*
(7049-7) Demo-Version 5 1/4'', o. Handbuch. ●●*
(7050-0) Demo-Version 3 1/2'', o. Handbuch. ●●*

DOS-Tutor
DOS lernen, üben und beherrschen
(7020-9) Diskette 5 1/4'' für IBM PC + Kompatible, mit Begleitheft. ●●●●●*
(7021-7) Diskette 3 1/2'' für IBM PC + Kompatible, mit Begleitheft. ●●●●●*

Wirtschaftsrechnen in Beruf und Alltag
(7037-3) Diskette für IBM PC + Kompatible, mit Begleitheft. ●●●●●

Vokabeltrainer Englisch
Über 2000 Vokabeln und Redewendungen
(7001-2) 2 Disk. für C 64/C 128 PC, mit Begleitheft
(7007-1) Disk. für Atari ST 520/1040, mit Begleitheft ●●●●●

Take a Trip to Britain
Spielend Englisch lernen mit dem Computer
(7004-7) Diskette für C 64/C 128 PC, mit Begleitheft.
(7039-X) Diskette 5 1/4'' für IBM PC + Kompatible, mit Begleitheft. ●●●●●*

The Grammar Master
(7002-0) für C 64/C 128 PC, mit Begleitheft. ●●●●*
(7030-6) für IBM-PC + Kompatible, mit Begleitheft. ●●●●●*
(7031-4) für Atari ST 520/1040 mit Begleitheft. ●●●●*
(7032-2) für Amiga, mit Begleitheft. ●●●●*

Vokabeltrainer Französisch
Über 2000 Vokabeln und Redewendungen
(7018-7) Systemdisk. + Wendedisk. f. C 64/C 128 PC, mit Begleitheft, (7019-5) Disk. für IBM PC und Kompatible, mit Begleitheft. ●●●●●

Bon voyage
Spielend Französisch lernen mit dem Computer
(7036-5) Diskette für IBM PC + Kompatible, mit Begleitheft. ●●●●●*

Vokabeltrainer Latein
Über 2000 Vokabeln und Redewendungen
frei erweiterbar
(7022-5) Von B. Hoppius, 2 Wendedisketten für C 64/C 128 PC, mit Begleitheft.
(7033-0) Diskette für IBM PC + Kompatible, mit Begleitheft. ●●●●●*

Börsenfieber
Spielend spekulieren mit Geld und Aktien
(7016-0) Für IBM-PC und Kompatible, Diskette 5 1/4'', mit Begleitheft.
(7026-8) für C 64/C 128 PC, mit Begleitheft,
(7027-6) für Atari ST 520/1040, mit Begleitheft,
(7028-4) für Amiga, mit Begleitheft.
●●●●●*
(7044-6) für IBM PC + Kompatible, Diskette 3 1/2'', mit Begleitheft. ●●●●●*
(7038-1) für C 64/128 C Kassette, mit Begleitheft. ●●●●*

Video

Kochschule mit Paul Bocuse
Der Meisterkoch verrät die Geheimnisse der französischen Küche
(6016-5) VHS, 60 Min., in Farbe, mit Begleitheft. ●●●●●*

Hobby Aquarellmalen
Landschaft und Stilleben
(6022-X) VHS, 40 Min., in Farbe, mit Begleitheft. ●●●●*

Hobby Ölmalerei
Landschaft und Stilleben
(6025-4) VHS, 40 Min., in Farbe, mit Begleitheft. ●●●●*

Bestellschein

Erfüllungsort und Gerichtsstand für Vollkaufleute ist der jeweilige Sitz der
Lieferfirma. Für alle übrigen Kunden gilt dieser Gerichtsstand für das Mahn-
verfahren. Falls durch besondere Umstände Preisänderungen notwendig
werden, erfolgt Auftragserledigung zu dem bei der Lieferung gültigen Preis.

Ich bestelle hiermit aus dem Falken-Verlag GmbH, Postfach 11 20, D-6272 Niedernhausen/Ts., durch die Buchhandlung:

	Ex.	
	Ex.	
	Ex.	
	Ex.	

Name: _____   Datum: _____

Straße: _____

Ort: _____   Unterschrift: _____

Die hier vorgestellten Bücher, Videokassetten und Software sind in folgende Preisgruppen unterteilt:

● Preisgruppe bis DM 10,–/S 79,–/SFr.10   ●●● Preisgruppe über DM 20,– bis DM 30,–   ●●●● Preisgruppe über DM 30,– bis DM 50,–
●● Preisgruppe über DM 10,– bis DM 20,–   S 161,– bis S 240,–   S 241,– bis S 400,–
   S 80,– bis S 160,–   SFr. 20,– bis SFr. 29,–   SFr. 29,– bis SFr. 48,–
   SFr. 10,– bis SFr. 20,–   ●●●●● Preisgruppe über DM 50,–/S 401,–/SFr.48,–   *(unverbindliche Preisempfehlung)

Die Preise entsprechen dem Status beim Druck dieses Verzeichnisses (s. Seite 1) – Änderungen, im besonderen der Preise, vorbehalten –

Falken-Verlag GmbH · Postfach 1120   **D-6272 Niedernhausen/Ts. · Tel.: 0 6127/70 20**

16